中国语言学史

王　力　著

中华书局

图书在版编目(CIP)数据

中国语言学史/王力著. —2 版. —北京:中华书局,2020. 10
(2024.9 重印)
(王力全集;5)
ISBN 978-7-101-14489-5

Ⅰ. 中… Ⅱ. 王… Ⅲ. 汉语史-语言学史 Ⅳ. H1-09

中国版本图书馆 CIP 数据核字(2020)第 058672 号

书　　名　中国语言学史
著　　者　王　力
丛　书　名　王力全集　第五卷
封面设计　刘　丽
责任印制　管　斌
出版发行　中华书局
　　　　　(北京市丰台区太平桥西里 38 号　100073)
　　　　　http://www.zhbc.com.cn
　　　　　E-mail:zhbc@zhbc.com.cn
印　　刷　三河市鑫金马印装有限公司
版　　次　2013 年 8 月第 1 版　2020 年 10 月第 2 版
　　　　　2024 年 9 月第 6 次印刷
规　　格　开本/880×1230 毫米　1/32
　　　　　印张 8　插页 3　字数 190 千字
印　　数　13001-15000 册
国际书号　ISBN 978-7-101-14489-5
定　　价　36.00 元

王力先生参加会议

王力夫妇在广西

《王力全集》出版说明

王力(1900—1986),字了一,广西壮族自治区博白县人,我国著名语言学家、教育家、翻译家、散文家和诗人。

王力先生毕生致力于语言学的教学、研究工作,为发展中国语言学、培养语言学专门人才作出了重要贡献。王力先生的著作涉及汉语研究的多个领域,在汉语发展史、汉语语法学、汉语音韵学、汉语词汇学、古代汉语教学、文字改革、汉语规范化、推广现代汉语普通话和汉语诗律学等领域取得了杰出的成就;在诗歌、散文创作和翻译领域也卓有建树。

要了解中国语言学的发展脉胳、发展趋势,必须研究王力先生的学术思想,体会其作品的精华之处,从而给我们带来新的领悟、新的收获,因而,系统整理王力先生的著作,对总结和弘扬王力先生的学术成就,推动我国的语言学及其他相关学科的发展,具有重要的意义。

《王力全集》完整收录王力先生的各类著作三十余种、论文二百余篇、译著二十余种及其他诗文等各类文字。全集按内容分卷,各卷所收文稿在保持著作历史面貌的基础上,参考不同时期的版本精心编校，核订引文。学术论著后均附"主要术语、人名、论著索引"，以便读者使用。

《王力全集》的编辑出版工作中，得到了王力先生家属、学生及社会各界人士的帮助和支持，在此谨致以诚挚的谢意。

中华书局编辑部

2012 年 3 月

本卷出版说明

本卷收入王力先生的专著《中国语言学史》。

《中国语言学史》是20世纪60年代初王力先生在北京大学为汉语专业高年级学生和研究生开设的选修课的讲义。讲义的前三章曾连载于《中国语文》1963年第3、4、5、6期和1964年第1、2期上。1981年，山西人民出版社出版了《中国语言学史》的单行本（后称"山西本"）。1990年，山东教育出版社出版的《王力文集》第十二卷收录了由唐作藩先生在山西本的基础上编校而成的《中国语言学史》（后称"文集本"）。2006年，复旦大学出版社再版了该书（后称"复旦本"）。

此次出版，我们以山西本为底本，参考文集本和复旦本，同时修正了部分排印错误，并核对了书中的引文，统一了体例，修订了部分古文字字形，并请何九盈先生通读了书稿，在此谨向何先生致以深深的谢意。

中华书局编辑部

2012年3月

目　录

序

　　这部书是 1962 年我在北京大学所用的讲义,前三章曾在《中国语文》杂志上连载。现在由山西语言学会交山西人民出版社出版。我只在个别地方有所补充修正。

　　由于我是第一次担任这一门课,写出的讲义自己并不满意,希望将来能够修订或重写。海内不乏此道专家,倘蒙指疵匡谬,十分感谢!

王　力

1980 年 4 月 12 日

前　言

本文所叙述的是中国语言学简史，其中"语言学"一词，是采用了最广泛的意义。严格地说，应该称为汉语言研究简史。

中国语言学史可以有两种写法：一种是作为科学论文，著者假定读者把中国语言学著作都看过了，不须交代任何知识，尽可以单刀直入地叙述这一个学术部门的历史；另一种是作为教材，著者假定读者（或听众）没有看过中国语言学著作，或者是看得很少，有必要先介绍一下那些著作的体例及其主要内容，然后谈得上某一学派产生的原因，某一语言学家的学术渊源及其对后代的影响，某书的价值及其缺点。这一部《中国语言学史》就是按照后一种写法写成的。

大家知道，语文学（philology）和语言学（linguistics）是有分别的：前者是文字或书面语言的研究，特别着重在文献资料的考证和故训的寻求，这种研究比较零碎，缺乏系统性；后者的研究对象则是语言的本身，研究的结果可以得出科学的、系统的、细致的、全面的语言理论。中国在"五四"以前所作的语言研究，大致是属于语文学范围的。

但是我们也不应该轻视语文学的研究。先说，我们有五千年文化需要继承，文献资料的考证和故训的寻求，仍然需要有人去做，即以整理古籍而论，我们就需要训练一批具有语文学修养的人才。再说，从语言理论方面看，中国古代也有很多可资借鉴的东西。在封建主义上升时期，也像资本主义上升时期一样，学术上有不少美丽的花朵。中国是世界上语文学发达最早又最盛的国家之一，我们应该很好地继承祖国的语文学遗产，并且把它发扬光大起来。

　　语文学在中国古代称为"小学"。"小学"这个名称最初跟小学校是有关系的。根据《汉书·艺文志》，我们知道古人八岁入小学，老师教他"六书"①。识字是小学里的事，所以把识字的学问叫做"小学"。在《汉书·艺文志》中，小学自成一类，共列十家三十五篇。如果以古为准，包括古文奇字在内，识字就成为专门学问了。这是"小学"成为学术专名的原因。到了后来，小学的范围扩大了。清代的《四库全书总目提要》把小学类分为训诂之属、字书之属、韵书之属。大致说来，训诂是研究字义的，字书是研究字形的，韵书是研究字音的。但是，研究字形的时候不能不讲字形和字音、字义的关系，而韵书又兼起字典的作用，所以三者之间的界限不是十分清楚的。只有一点可以肯定：小学是有关文字的学问②；古人治小学不是以语言为对象，而是以文字为对象的。

　　语文学本来是和古典文献发生密切关系的学问，所以中国的小学一向被认为是经学的附庸。有人在训诂、字书、韵书之外再加音义一类，以为音义是小学的应用③。其实一切古书的注解都可以认为是小学的范围。在鸦片战争以前，中国的语言学，基本上就是语文学；甚至

---

① 《周礼·地官·保氏》说："保氏掌谏王恶，而养国子以道。乃教之六艺：一曰五礼，二曰六乐，三曰五射，四曰五驭，五曰六书，六曰九数。"周代所谓八岁入小学，教的只是"国子"，即贵族子弟，平民是没有受教育的机会的。

② "五四"以后，曾经有一个时期，"小学"改称"文字学"。旧《辞海》于"文字学"条注云："研究文字之形体、音韵、训诂之起源及变迁之学也。亦称'小学'。"早年北京大学讲义有钱玄同的《文字学音篇》、朱宗莱的《文字学形义篇》。近年"文字学"才专指研究字形的结构和演变的学科。

③ 见谢启昆《小学考序》。音义一类包括陆德明的《经典释文》等。

在研究方言俚语的时候也带有语文学的性质,因为作者们往往考证这些方言俚语用字的来源。语文学在中国语言研究中占统治地位共历两千年,直到今天,仍然有不少这方面的学者。

古文字学在语文学中,可算是异军突起。金文的研究导源于宋代,甲骨文的研究则兴起于清末。这一门新的学问可说是方兴未艾。它已经超出了语文学的范围,而进入了历史学和考古学的领域。但是,古文字的研究成果,始终是对语文学大有帮助的。

语法学虽然在中古时代,曾经一度随着佛教传入中国(当时叫做"声明"),但是没有得到发展。我国古代学者、作家,在研究语言时,也提出了一些语法概念①,但是只是零碎的,常常作为注解来出现的,而不是系统的语法著作。至于虚词的解释,也只是当作词汇问题来解决。直到清末,中国才有了系统的语法学。

普通语言学以及在现代科学方法指导下的方言调查和少数民族语言调查,跟着语法学也兴起了。解放以前,我国学者对汉语史的研究也做了一些准备工作。

本文将以较大的篇幅来叙述中国语文学,因为它所占的时间最长;古文字学、语法学、普通语言学、语言调查等,也都予以适当的地位。叙述从先秦到解放前为止。

---

① 例如杜甫《自瀼西荆扉且移居东屯茅屋四首》第三首:"子能渠细石,吾亦沼清泉。"郭知达《九家集注杜诗》引赵次公(彦材)说:"渠字、沼字,此以字之重字为轻字,以体为用者也。"这就等于说名词用如动词。《杜诗镜铨》引赵汸云:"渠之、沼之,实字作活字用。"意思也是一样的。赵次公是宋时人,赵汸是明时人。

第一章　训诂为主的时期

第一节　语言研究的萌芽

语文学的兴起,是在文化遗产积累较多的时代。书籍多了,时代远了,字形、字音、字义都有了变化,于是促使人们进行探讨。春秋战国时代,由于去古未远,而且书籍很少,人们还不感觉到有语文学的需要。因此,语文学在先秦还没有产生。

但是零星的语文学知识已经在萌芽了。首先是作者借字义的解释来阐明一种哲理或政治主张。例如《论语·颜渊》叙述季康子问政于孔子,孔子回答说:政就是正,你带头端正自己,谁敢不端正呢①? 又如《孟子·滕文公上》叙述夏、殷、周三代的田赋名称不同,夏叫"贡",殷叫"助",周叫"彻"。孟子解释说:"彻者,彻也;助者,藉也。"孟子以"彻"解"彻",这是以本字为训的办法。这种办法是以用一个常用的字义解释一个不很常用的字义。"彻"的常用意义是通,孟子大意是说"彻"是天下通法,不因地区的不同而有所差异②;"助"是凭借的意思,

---

① 原文是:"政者,正也。子帅以正,孰敢不正?"
② 这是采用郑玄对《论语·颜渊》"盍彻乎"的解释。《孟子》赵岐注说:"彻犹人彻取物也。"那是另一说。

公家凭借人民的力量来耕种公有的土地。在同一篇中,孟子又叙述夏、殷、周三代的学校名称不同:夏叫"校",殷叫"序",周叫"庠"。孟子解释说:"庠者,养也;校者,教也;序者,射也。"古人教养不分,《周礼·地官·保氏》说"而养国子以道",可见养就是教;射是六艺之一,这里代表学校里传授的一切知识和技能①。上面所举三个例子都是后代所谓"声训"。声训的办法是采取同音的字或双声叠韵的字作为解释。"彻者彻也"不但同音,而且同字,但是仍旧可以认为是声训,因为同形词(homographs)不等于同一个词。"政者正也"是同音为训的例子,"助者藉也、庠者养也、校者教也、序者射也",都是叠韵为训,而声母也很相近。本来,如果说"庠者,教也;校者,射也;序者,养也",原则上未尝不可以说得通,但是那样就失去了声训的特点。关于声训,等到下文第五节还要讨论。这里我们要弄清楚:孔子、孟子之所以搞声训,并不是为了语文学的目的,而是为了阐明自己的政治主张。

其次,作者也可以借字形的解释来阐明一种哲理或政治主张。例如《左传·宣公十二年》叙述邲之战,楚国打了胜仗,潘党劝楚庄王建筑军营,积尸封土,来显耀自己的武功。楚庄王不肯。在他的长篇谈话中特别提到"武"字的字形是从"止"从"戈"(本来写作𢎇),只有停止干戈才够得上称为"武"。同书《宣公十五年》叙述晋国将要讨伐潞国,借口说是因为潞国的相酆舒杀了晋景公的姐姐——潞君的夫人。大夫们都反对,唯有伯宗赞成,理由是酆舒恃才而不恃德,反德就该灭亡。伯宗在陈述了一番道理以后,引一个"乏"字来证明。据他说:"乏"字的字形是反过来的"正"字(篆文"乏"字写作𠧻),反了正的人

---

① 王念孙《广雅疏证》卷一"庠,养也"下注云:"射绎古字通。……射者陈列而宣示之。"我们没有采用他的说法。

就该乏绝了[①]。根据《韩非子·五蠹》的说法,仓颉造字的时候,把“厶”字(即“私”字)写成环绕着自己的样子,表示为自己打算;“公”字是“厶”字上面加“八”字,“八”等于说“背”,背私就是跟私相反,所以是“公”。《左传》和《韩非子》对于“武、乏、厶”等字的解释虽然都被《说文解字》引用了,但也不一定就是正确地说明了古人造字的原意,很可能还是牵强附会[②]。这就说明了,作者在讲字形的时候,也并不是为了语文学的目的,而是为了政治的目的。

比较接近于语文学的情况也不是没有的。那是在作者想要辨别同义词的时候。《左传·庄公三年》说,军队驻扎一夜叫“舍”,驻扎两夜叫“信”,驻扎超过三夜叫“次”[③]。同书《文公七年》说,在国内发生的战争叫“乱”,来自国外的战争叫“寇”[④]。《成公十七年》又说,乱在外叫“奸”,在内叫“轨”(宄)。这些是军事政治上的术语,一般人也许不十分了解,所以需要辨别一下。《老子》说看不见的叫“夷”,听不见的叫“希”,抓不住的叫“微”[⑤]。这是哲学上的术语,一般人更不了解,更加需要说明了。

最合于语文学性质的,则是对古书的字义的解释。《左传·文公七年》,叙述荀林父劝先蔑不要出使秦国,他说他和先蔑同寮(同僚),所以知无不言,言无不尽。先蔑不听他的话。他朗诵了《诗·大雅·

① 《左传·昭公元年》“于文皿虫为蛊”,也是分析字形。至于《襄公三十年》“亥有二首六身”,没有说“于文”,就不一定是讲字形了。

② 俞樾《儿笘录》以为“武”“舞”古同字。“止”是趾(代表脚),而“戈”则表示执干戚而舞。林义光《文源》不同意“反正为乏”。他以为“此伯宗论酆舒之言,乃设辞取譬,非造字本意”,他认为应该是“反足为乏”(乏,不足也)。“正”字在古时有写作[illegible]的,与“足”相混。后来变○为●,再反过来,就成为[illegible]了。韩非子“自环为厶”之说也很迂曲,至于背厶为公更不可信。甲骨、金文的“公”字都不从厶,而从○作[illegible]等,有时金文索性写作[illegible]。

③ 原文是:“凡师一宿为舍,再宿为信,过信为次。”

④ 原文是:“兵作于内为乱,于外为寇。”

⑤ 原文是:“视之不见名曰夷,听之不闻名曰希,搏之不得名曰微。”

板》的第三章,先蔑仍旧不理他。在讲到"寮"字以前,荀林父先说明同官为寮,也许因为当时"寮"字不很通俗。而《诗·大雅·板》的第三章头两句是"我虽异事,及尔同僚"。荀林父说"同官为寮",实际上是解释了《诗经》的字义。又如《孟子·梁惠王下》讲到齐景公命令太师作君臣相悦的乐章,名为《徵招》《角招》,其中有一句话是"畜君何尤"。孟子怕齐宣王不懂什么叫做"畜君",所以他解释说"畜君者,好君也"。"好君"等于说"悦君",也就是君臣相悦。全句的意思是:臣子使君王欢乐有什么罪过呢?荀林父和孟子当然不算语文学家,零碎的解释与语文学著作是有差别的。但是,这些材料作为语文学的萌芽来看,则是毫不过分的。

在先秦的古籍中,有一些有关语音分析的材料是很值得注意的。《吕氏春秋·重言》有这样一段故事:齐桓公跟管仲商量要去攻打莒国,事情还没有公开而整个国都的人都知道了。齐桓公进行了调查,知道是东郭牙说的。管仲把东郭牙找来,问他怎么知道齐国将要进攻莒国。东郭牙说:前几天,我看见君王(和您)站在高台上。他的精神饱满,手脚兴奋,这是准备打仗的一种表现(他一面说话,一面用手指着)。他的嘴是张得很大的,不是关得很小的,这正是说"莒"字的姿态;而他的手所指的,又正是莒国的方向。我心里想,现在诸侯不服齐国的,只有莒国了。所以我就告诉别人了①。上古"莒"字读 kia,发[a]音时,嘴是张得很大的。当然我们不能说东郭牙是语音学专家,但是这些语音学常识出现在两千多年前的古籍中,也算是难能可贵的。

当我们叙述中国语言研究的萌芽的时候,我们不应该忘记先秦的

---

① 原文是:"日者臣望君之在台上也,巍然充盈,手足矜者,此兵革之色也。君呿而不唫,所言者莒也。君举臂而指,所当者莒也。臣窃以虑诸侯之不服者,其惟莒乎?臣故言之。"《管子·小问》也有类似的记载。

哲学家们。他们不是语文学家,他们在哲学著作中涉及一些语言理论,那不是属于语文学范围的,而是属于语言学范围的。这些语言理论,特别是荀子在《正名篇》中所阐述的语言理论,直到今天,还是不可动摇的。

荀子在《正名篇》中所叙述的第一个语言学原理是:语言是社会的产物。荀子说:事物的命名,无所谓合理不合理,只要人们共同约定就行了。约定俗成就是合理的,不合于约定的名称就是不合理的。名称并非天然地要跟某一实物相当,只要人们约定某一名称跟某一实物相当就行了。约定俗成以后,也就是名实相符了。但是,名称也有好坏之分,如果说出名称来,人们很容易知道它的意义,那就是好的名称;(如果意义含糊,妨碍人们的了解,那就是坏的名称了)①。这样强调语言的社会性,在今天看来还是完全正确的。直到今天,还有一些语言学家过分地强调个人在语言应用上的特殊性,而忽视语言的本质特征——社会性。荀子在两千多年以前能有这种卓越的见解,这是值得我们珍视的。

荀子在同一篇文章中所叙述的第二个语言学原理是:语言具有民族的特点,而思维则具有人类的共性。惟其具有民族特点,所以各个具体语言的形式和结构是不相同的;惟其具有人类共性,所以通过语言的翻译,不同的民族是可以互相交流思想的。荀子说:人类既然同类,而又具有同样的感觉,人们的五官接触万物所抽象出的特征自然也无不同,以物比物,特征相似的也都相通,于是相约形成共同的概念,人类的概念都可以对应②。又说:万物都加上了名称,这是依照汉

① 原文是:"名无固宜,约之以命。约定俗成谓之宜,异于约则谓之不宜。名无固实,约之以命。约定俗成谓之实名。名有固善,径易而不拂,谓之善名。"
② 原文是:"凡同类同情者,其天官之意物也同,故比方之疑似而通。是所以共其约名以相期也。"按:"名"字有时译为"名称"(即词),有时译为"概念"才对。

族(诸夏)的习惯,其他不同的民族,应该依照这些名称,委曲地找出他们对应的名称来,这样就可以交流思想了①。荀子这种关于语言与民族的关系的看法,显然也是正确的。

荀子所叙述的第三个语言学原理是:语言是具有稳固性的,同时又是发展的。荀子说:如果有王者出世,他一定维持原有词汇(保存它的纯洁性和规范性),他又必然创造一些新词(以适应新的事物)②。他把词汇的维持和创造归功于王者(圣君),当然是不对的。但是,他认为原有词汇必须维持,新词必须创造,则是对的。

此外,荀子对于概念的形成,认为是由于感觉③,这也是对的。他认为概念可以分为简单概念和复杂概念,简单概念由单词表示,复杂概念由词组表示④,这也是不错的。他又认为概念可以分为范畴(categories)、种(genus)和属(species)。他把"范畴"叫做"大共名",把"种"叫做"大别名",把"属"叫做"别则有别"⑤。这和西洋的形式逻辑不谋而合。这些虽是属于逻辑思维的问题,但是跟语言是有密切关系的。

---

① 原文是:"散名之加于万物者,则从诸夏之成俗。曲期,远方异俗之乡则因之而为通。"

② 原文是:"若有王者起,必将有循于旧名,有作于新名。"杨倞注:"名之善者循之,不善者作之。"这个注解基本上是对的。王先谦解"作"为"变",他说:"既循旧名,必变新名以反其旧。"反而是曲解。

③ 原文:"形体色理以目异,声音清浊调竽奇声以耳异,甘苦咸淡辛酸奇味以口异,香臭芬郁腥臊洒酸奇臭以鼻异,疾养沧热滑铍轻重以形体异,说故喜怒哀乐爱恶欲以心异,心有征知。征知,则缘耳而知声可也,缘目而知形可也;然而征知必将待天官之当簿其类,然后可也。"

④ 原文是:"单足以喻则单,单不足以喻则兼。"

⑤ 原文是:"故万物虽众,有时而欲遍举之,故谓之物。物也者,大共名也。推而共之,共则有共,至于无共然后止。有时而欲遍举之,故谓之鸟兽。鸟兽也者,大别名也。推而别之,别则有别,至于无别然后止。"注意:在"别则有别"中,原来的属可以转变为种。例如鸟类为种,则家禽为属;家禽为种,则鸡鸭为属。这样由种变属下去,所以荀子说:"至于无别然后止。"

先秦的逻辑学派(名家)，他们的逻辑理论也有不少是跟语言有关的。在这里我们没有必要加以详细的叙述，只简单地谈三点：第一，墨辩学派把概念分为达、类、私①。达，等于荀子的"大共名"，即"范畴"；类，等于荀子的"大别名"和"别则有别"，即种概念和属概念；私，等于单独概念，在语言中表现为专名。第二，墨辩学派把概念分为"以形貌命者"和"不可以形貌命者"两类②。前者等于具体概念，在语言中表现为具体名词；后者等于抽象概念，在语言中表现为抽象名词③。第三，墨辩学派不但谈概念，而且谈判断和推理。《墨子·小取》说："以名举实，以辞抒意，以说出故。""以名举实"就是形成概念，"实"是客观事物，"举"是概括。"以辞抒意"就是构成判断，"辞"是命题，"意"是判断，这是一件事的两面。"以说出故"就是组成推理④。由此看来，逻辑和语言的关系是讲清楚了的。

从语文学上，先秦的语言研究没有什么突出的成就；从语言理论上说，像荀子《正名篇》这样卓越的见解却放出很大的光辉。百家争鸣的战国是中国古代哲学的黄金时代，卓越的语言理论在这个时代产生，是很自然的。

第二节　童蒙识字课本和故训汇编

"小学"的最初意义就是童蒙识字课本⑤。远在春秋战国之间就有《史籀篇》，这是秦国人教学童的书，现在已经亡佚。到了秦代及西汉，

---

① 参看《墨子·经说上》。
② 参看《墨子·大取》。
③ 参看杜国庠《先秦诸子的若干研究》165 页。
④ 参看杜国庠《先秦诸子的若干研究》164—167 页、172 页。
⑤ 因此，《汉书·艺文志》小学类只收童蒙识字课本。

则有李斯的《仓颉篇》、赵高的《爰历篇》、胡毋敬的《博学篇》、司马相如的《凡将篇》、史游的《急就篇》、李长的《元尚篇》、扬雄的《训纂篇》等①。李斯、赵高、胡毋敬的书，到了汉代合称《仓颉篇》，又称"三仓"，共三千三百字。到了扬雄的《训纂篇》，连同《仓颉篇》增加到五千三百四十字。汉和帝时代(89—105)，贾鲂又写了《滂喜篇》。后人以《仓颉篇》为上篇，《训纂篇》为中篇，《滂喜篇》为下篇。这三部书也称为"三仓"。

　　上面介绍的这八部书，除了《急就篇》留传下来，《仓颉篇》还有残简(见王国维所编的《流沙坠简》)以外，也都已亡佚了②。这些书有的是四字一句，两句一韵，如《仓颉篇》；有的是三字、四字或七字一句，三字句、四字句隔句押韵，七字句每句押韵，如《急就篇》。据说《凡将篇》和《训纂篇》都没有重复的字，显然是给儿童识字用的。

　　现在我们根据《急就篇》来谈谈这一类童蒙识字课本的内容。这一本书共两千零十六字，开头五句先讲明编书的目的：

　　　　急就奇觚与众异③，罗列诸物名姓字，分别部居不杂厕，用日约少诚快意④，勉力务之必有喜。

　　接着是一句"请道其章"，表示正文的开始。下文列举一百三十二个姓，每一个姓下面再加两个字(复姓则加一个字)，成为三字句：

　　　　宋延年，郑子方。卫益寿，史步昌。周千秋，赵孺卿。……

　　并非真有宋延年等人，只是让儿童们多认识一些字，特别是一些

① 扬雄的"扬"，依段玉裁、王念孙考证，应该作"杨"。王先谦说，"扬杨字同"(见《汉书补注》)。既然字同，就不必改。

② 但是，别的书中有时候引用这些书。如《说文解字》就引了《仓颉篇》的一句"幼子承诏"。清孙星衍把这些材料收集起来，编辑成《仓颉篇》三卷，续一卷，补二卷。

③ "急就"，等于说"速成"。觚(gū)，一种学字的木板。奇觚，据颜师古注是"奇好之觚"。全句大意是：这本速成的奇妙的学字课本是与众不同的。

④ "约"是"少"的意思。用日约少，所费的日子不多，也就是速成。

抽象名词、形容词、动词等（都表现在人的名字上）。一百三十二姓叙述完毕后，用两句话作为过渡：

> 姓名讫，请言物。

下面变为七个字一句，句句押韵，依次叙述锦绣、饮食、衣服、臣民、器物、虫鱼、服饰、音乐、形体、兵器、车马、宫室、植物、动物、疾病、药品、丧葬等。试举兵器为例：

> 矛鋋镶盾刃刀钩，铩戟铍镕剑镡镞，弓弩箭矢铠兜鍪，铁锤挝杖棁柲殳①。

这样就让学童们学会了许多事物的名称。这是《急就篇》的主要部分。下面过渡的话是：

> 诸物尽讫五官出。

所谓"五官"并不是耳目口鼻心，而是指司徒、司马、司空、司士、司寇。五官等于说百官，所以下文叙述一些官职以及跟吏治有关的事情。最后变为四字一句，只有末句仍用七个字。这是全书的结尾，歌颂汉家的盛世：

> 汉地广大，无不容盛。万方来朝，臣妾使令。边境无事，中国安宁。百姓承德，阴阳和平。风雨时节，莫不滋荣。灾蝗不起，五谷孰成。贤圣并进，博士先生。长乐无极老复丁②。

---

① 鋋(chán)，铁柄小矛。镶(ráng)，兵器之一种，刃向外，用来推人。钩，兵器，形曲如钩，刃向内，用来钩人。铩(sà)，短矛。铍(pī)，大刀。镕，刀之一种。镡(tán)，剑刃近柄处。镞(hóu)，剑口。铠(kǎi)，铁甲。兜鍪(móu)，头盔，又写作兜鍪。铁锤，即铁槌。挝(zhuā)，大棍。棁(tuǒ)，小棍。柲(bì)，竹棍之一种。殳(shú)，竹做的长棍，又写作"殳"。
② 孰，同"熟"。老复丁，据颜师古注，是家有高年的人，子孙可以免役。

　　这一类的书，看来似乎并没有很大的价值，但是汉朝人并不是这样看待它们的。《汉书·扬雄传》赞说，扬雄"以为经莫大于《易》，故作《太玄》；传莫大于《论语》，作《法言》；史篇莫善于《仓颉》，作《训纂》"。可见他把《训纂》与《太玄》《法言》等量齐观，作为不朽的著作来看。主要的原因是国家重视语文教育。根据《汉书·艺文志》和《说文解字·序》，我们知道汉朝的法令规定：学童在十七岁以上，要经过考试，能"讽籀书"九千个字才可以担任官职。又试以"八体"，优良者可以做尚书史（官名）。吏民上书给皇帝，写错了字，就会被揭发判罪。这样赏罚都很重，童蒙识字课本已经提升到取士的准则的地位，所谓通小学，那就非同小可了。《汉书·艺文志》说：《仓颉篇》里面古字很多，一般的教师常常讲错了，汉宣帝时代（前73—前49），征召齐国人能正读的，再让张敞传受下来①。又说：到了元始年间（1—5），征召全国通小学的人一百来个，让他们在朝廷上把他们所认得的字记下来②。国家这样重视文字，小学家的身份自然大大地提高了。

　　当时学习文字，实际上具有字形、字音、字义三方面的要求，而一切以古为准。试八体，是要求懂得字形③；讽书，是要求懂得字音；籀书，是要求懂得字义。所谓"正读"，就是以古为准的字形、字音、字义④。这就非有专门学问不可。

　　自从《说文解字》问世以后，这些童蒙识字课本的参考价值是不大了。但是它们标志着中国语言学史的一个阶段，就是童蒙识字课本阶段。这个阶段的语言研究还是比较粗糙的，而且仅仅留下了两千零十

----

① 原文是："《仓颉》多古字，俗师失其读。宣帝时，征齐人能正读者，张敞从受之。"
② 原文是："至元始中，征天下通小学者以百数，各令记字于庭中。"
③ 依《说文解字》，八体是：大篆、小篆、刻符、虫书、摹印、署书、殳书、隶书。
④ 古人所谓"读"，比今天"读"字意义广泛得多。汉儒注经，断其章句为读，拟其音为读，易其字以释其义为读，诵习、讽诵也都称为读。参看段玉裁《说文解字注》"读"字条。

六个字的著作和一些残简。

汉代崇尚经学,训诂由此兴起。《说文》说:"诂,训故言也。"故言就是旧言,也就是前人传下来的关于经义的解释。《汉书·艺文志》说:"汉兴,鲁申公为《诗》训故,而齐辕固、燕韩生皆为之传。""训故"就是"训诂"。汉代立《诗》《书》《礼》《易》《春秋》于学官,定为"五经"。学官就是学校。在学校里讲授经书,不是可以随便讲的。《汉书·艺文志》又说:"古文读应尔雅,故解古今语而可知也。""尔"是近的意思,"雅"是正的意思,"读应尔雅"就是讲解应该正确。怎样算是尔雅呢? 那就只有依照故训了。《尔雅》的书名正是由此而来的。

《尔雅》实际上是一种故训汇编。关于《尔雅》的作者,有各种不同的说法。《汉书》只记《尔雅》三卷二十篇,未记作者姓名。张揖《上广雅表》说,周公"著《尔雅》一篇……今俗所传三篇《尔雅》,或言仲尼所增,或言子夏所益,或言叔孙通所补,或言郲郡梁文所考,皆解家所说……疑莫能明也"。周公所作的说法是没有根据的。欧阳修《诗本义》说:考其文理,乃是秦汉之间学《诗》者纂集说《诗》博士解诂[1]。这话说得很有道理,只是要补充两点:第一,书中释《诗》的地方不到十分之一,释五经的地方不到十分之四,可见《尔雅》不全是为了说《诗》;第二,这书不是一手所成,它经过许多人的增补。有些地方恐怕是东汉人增补进去的,其中跟《诗经》郑笺相符合的地方,不一定是郑玄抄《尔雅》,还可能是《尔雅》的作者抄郑笺。朱熹说得对(《朱子语类》卷一三八):"《尔雅》是取传注以作,后人却以《尔雅》证传注。"

《尔雅》最初成书应该是在汉武帝时代以前(即公元前2世纪以

---

[1]　郭沫若先生说(《甲骨文字研究》141页,1962年):"《尔雅》虽号称周公所作,然实周秦之际之所纂集,其中且多秦汉人语。"他的看法和欧阳修接近。

前），因为汉武帝时代已经有犍为文学的《尔雅注》（今已佚）①。

现存的《尔雅》共分十九卷，即：1.《释诂》；2.《释言》；3.《释训》；4.《释亲》；5.《释宫》；6.《释器》；7.《释乐》；8.《释天》；9.《释地》；10.《释丘》；11.《释山》；12.《释水》；13.《释草》；14.《释木》；15.《释虫》；16.《释鱼》；17.《释鸟》；18.《释兽》；19.《释畜》。

《释诂》《释言》《释训》，这三篇的内容比较复杂：有名词，有动词，有形容词，有副词。大概其余各篇所不收的，都归入这三篇。这三篇相互间区别也不十分明显。大致说来，《释诂》是罗列古人所用的同义词，而以当代的词来解释它们，所以每条往往接连说了十几个词，最后以一个词来解释；《释言》所选择的多数是常用词，所以被释的往往只有一个单词，至多不过两三个词；《释训》着重在描写事物的情貌，所以被释的多数是叠字②。例如：

初、哉、首、基、肇、祖、元、胎、俶、落、权舆，始也。

林、烝、天、帝、皇、王、后、辟、公、侯，君也。

　　（以上《释诂》）

还、复，返也。

告、谒，请也。

逆，迎也。

增，益也。

　　（以上《释言》）

肃肃、翼翼，恭也。

洸洸、赳赳，武也。

　　（以上《释训》）

---

① 犍（qián）为，郡名。文学，官名。此人姓名不可考。

② 这里基本上是采取郝懿行的说法。

《释亲》是关于亲属的训诂。分为宗族、母党、妻党、婚姻四类。
例如：

> 父为考，母为妣。父之考为王父，父之妣为王母。（宗族）
> 母之考为外王父，母之妣为外王母。（母党）
> 妻之父为外舅，妻之母为外姑。（妻党）
> 妇称夫之父曰舅，称夫之母曰姑。（婚姻）

《释宫》是关于宫室的训诂。例如：

> 宫谓之室，室谓之宫。
> 牖户之间谓之扆，其内谓之家。东西墙谓之序。

《释器》是关于器用的训诂。例如：

> 木豆谓之豆，竹豆谓之笾，瓦豆谓之登①。
> 金谓之镂，木谓之刻，骨谓之切，象谓之磋，玉谓之琢，石谓
> 之磨。

《释乐》是关于乐器的训诂。例如：

> 大钟谓之镛。
> 和乐谓之节②。

《释天》是关于天文的训诂，它所包的范围很大，分为四时、祥、灾、
岁阳、岁名、月阳、月名、风雨、星名、祭名、讲武、旌旗，共十二类。
例如：

> 日出而风为暴，风而雨土为霾，阴而风为曀。（风雨）

---

① 豆，上古一种盛肉器具。
② 节，乐器名，用来表示拍子。

北极谓之北辰,何鼓谓之牵牛①。(星名)

《释地》是关于地理的训诂,包括九州、十薮、八陵、九府、五方、野、四极,共七类。例如:

> 两河间曰冀州,河南曰豫州,河西曰雝州,汉南曰荆州,江南曰杨州,济河间曰兖州,济东曰徐州,燕曰幽州,齐曰营州②。(九州)

> 下湿曰隰,大野曰平,广平曰原,高平曰陆。(野)

《释丘》是比较特殊的一篇。丘是自然形成的高地(非人为的)。这篇分为丘与厓岸两类。例如:

> 丘上有丘为宛丘。(丘)
> 重厓,岸。岸上,浒。(厓岸)

《释山》是关于山的训诂。例如:

> 山小而高,岑。
> 山脊,冈。

《释水》是关于水的训诂,包括水泉、水中、河曲、九河四类。例如:

> 水注川曰谿,注谿曰谷,注谷曰沟,注沟曰浍,注浍曰渎。(水泉)

> 水中可居者曰洲,小洲曰渚,小渚曰沚,小沚曰坻。(水中)

《释草》主要是关于草本植物的训诂。例如:

> 荷,芙渠。其茎,茄;其叶,蕸;其本,蔤;其华,菡萏;其实,莲;

---

① “何鼓”又写作“河鼓”。河鼓三星即天鹰座 β、α、γ。

② 雝州即雍州,杨州即扬州,营州即青州。

其根,藕;其中,的;的中,薏①。

木谓之华;草谓之荣;不荣而实者谓之秀;荣而不实者谓之英。

《释木》是关于木本植物的训诂。例如:

灌木,丛木。

榆白,枌。

《释虫》是关于虫类的训诂。例如:

食苗心,螟;食叶,蟘②;食节,贼;食根,蟊。

有足谓之虫,无足谓之豸。

《释鱼》是关于鱼类的训诂,其中包括爬行动物。例如:

蝾螈,蜥蜴;蜥蜴,蝘蜓;蝘蜓,守宫也。

蟒,王蛇。蝮虺,博三寸,首大如擘。

《释鸟》是关于鸟类的训诂。例如:

舒雁,鹅。舒凫,鹜③。

凫,雁丑,其足蹼,其踵企④。

《释兽》是关于兽类的训诂。其中分为寓属、鼠属、齸属、须属四类⑤。例如:

---

① 本,主干。华,同"花"。莲,莲房。的,俗写作"菂",莲子。薏,莲心,即萌芽。
② 蟘(tè),同"螣"。
③ 舒雁,家雁;舒凫,家凫。凫,野鸭;鹜,家鸭。
④ 丑,类。其踵企,是说飞时脚跟企直。
⑤ 寓属,旧说指寄寓木上的兽类。其实是指一般的野兽。齸(yì),反刍。须,息,即呼吸。齸属只是讲各种反刍动物的反刍的名称,须属只是讲人兽鱼鸟呼吸的名称,实际上不成为兽的种类。

麚:牡,麚;牝,麀;其子麛。(寓属)

罴如熊,黄白文。(寓属)

《释畜》是关于家畜的训诂。其中分为马属、牛属、羊属、狗属、鸡属、六畜六类。例如:

羊:牡,羒;牝,牂。(羊属)

牛七尺为犉。(六畜)

为了证明《尔雅》是一种故训汇编,我们试举一个例子来加以分析:

俨、恪、祗、翼、諲、恭、钦、寅、懻,敬也。(《释诂》)

这些字的训诂都可以从古人的传注中得到证明。例如:

1)俨。《离骚》:"汤禹俨而求合兮。"王逸注:"俨,敬也。"

2)恪。《诗·商颂·那》:"执事有恪。"毛传:"恪,敬也。"

3)祗。《诗·商颂·长发》:"上帝是祗。"郑笺:"祗,敬也。"

4)翼。《诗·小雅·六月》:"有严有翼。"毛传:"翼,敬也。"

5)諲,同禋。《诗·大雅·生民》:"克禋克祀。"毛传:"禋,敬。"

6)恭。《汉书·贾谊传》:"恭承嘉惠兮。"师古注:"恭,敬也。"①

7)钦。《书·尧典》:"钦若昊天。"《史记》作"敬顺昊天"。

8)寅。《逸周书·祭公篇》:"寅哉,寅哉。"孔晁注:"寅,敬也。"

9)懻。《诗·小雅·楚茨》:"我孔懻矣。"毛传:"懻,敬也。"

有人以为毛亨、郑玄根据《尔雅》作《诗经》的传笺,有人反对这一说,以为《尔雅》书成在毛公之后(见《四库全书总目提要》所引曹粹中

---

① 恭、敬同义,人所共知,故一般不注。我们不能说,到了汉代,"恭"字才有敬的意义。

《放斋诗说》），毛传不可能是根据《尔雅》的。这个问题不很重要，故训是口口相传下来的，不管是毛公或者是《尔雅》的作者，都不是自己创造训诂，而只能是把故训继承下来。当然，《尔雅》非一手所成，其中也有超出故训之外的地方；但是，保存故训仍然应该认为是本书的主要特点。

《尔雅》的体例是以当代常用词的常用意义来作解释，王国维说它是"释雅以俗，释古以今"①。这样才能起训诂的作用。假使以僻词僻义作为解释，那就不合适了。

《尔雅》故训的纂集，对后代继承文化遗产做出了很大的贡献。词义有它的时代性，我们不应该拿后代的词义去解释先秦的作品。而经生们口口相传的词义一般是可靠的，不但可以解释经典，而且可以解释先秦一切作品。我们应该从文献观点上肯定它的价值。《四库全书总目提要》说："盖亦《方言》《急就》之流，特说经之家多资以证古义，故从其所重，列之经部耳。"以《尔雅》和《方言》《急就》相提并论，是不合适的。《方言》是方言和普通话的比较研究，跟《尔雅》性质不同；《急就篇》则是童蒙识字课本，其价值当在《尔雅》之下。当然，归入经部也不见得合适，但是"说经之家多资以证古义"，正足以说明此书在当时价值之高。

从故训汇编的标准看，《尔雅》的作者已经很好地完成了这一任务。但是，我们要善于读它，不能当做一部字典来读它。如果按照字典的要求来看，《尔雅》就有下面的三个缺点：

（一）当解释的字是一个多义词的时候，用的是哪一种意义，不明确。例如《尔雅·释言》说："贻，遗也。"而《说文解字》说："遗，亡也。"假使我们拿亡的意义去解释"贻"字，那就完全错了。郭璞于"贻，遗

① 　王国维《尔雅草木虫鱼鸟兽释例》，见《观堂集林》卷五。

也"注云:"相归遗。"问题才算弄清楚了,原来"贻"是赠送东西的意思。这是古代字书的通病。用单词说明单词不是个好办法(除非解释的词是一个单义词)。现代词典常常是定义式的解释,也就是用一个词组说明一个单词。

(二)简单地汇集故训,容易令人误会,以为摆在一起的都是同义词,可以互相转注。例如"恪"和"钦"都是"敬也",但是它们并不同义。"恪"是形容词,表示严肃敬慎的意义,可以用作状语,如《左传·襄公二十三年》:"敬共朝夕,恪居官次。""钦"是动词,表示敬顺的意义,所以《史记》把"钦若昊天"说成"敬顺昊天"。咱们如果说"恪,钦也",或"钦,恪也",那就不对了。特别严重的是像下面的一种情况:两组毫不相干的词摆在一起,用一个多义词来兼承。《尔雅·释诂》:"台、朕、赉、畀、卜、阳,予也。""赉、畀、卜"都是赐予(赐与)的意思,而"台、朕、阳"都是"我"的意思。只因"予"字兼有赐与和"我"两个意义,就把这六个词摆在一起了。假使我们说"朕"和"畀"是同义词,那就陷于荒谬了。

(三)有时候,解释的字和被解释的字根本不是同义词,它们之间只有某种意义上的联系,甚至是很勉强的牵合。例如《尔雅·释诂》:"遾、竢、替、戾、底、止、徯,待也。""遾、竢、徯"固然与"待"同义,但是"替、戾、底、止"则不能认为与"待"同义。郭璞注云:"替、戾、底者,皆止也,止亦相待。"郝懿行疏云:"止、待义同,故训止之字又多训待,替、戾、底皆是也。"这些都是勉强牵合。实际上是当时《尔雅》体例不够严密,我们不能替他辩护。

上述三种情况都是相当普遍地存在的。这样就让曲解古书的人们能利用这一类材料来助成臆说。这是《尔雅》的缺点所带来的不良影响,也是不能不指出的。

毛亨的《诗传》、郑玄的《诗笺》《周礼注》《仪礼注》《礼记注》,等等,其价值与《尔雅》相等。如果把这些经生的传注加以整理,就可以成为《尔雅》的形式。许慎的《说文解字》虽然是字书,其中也有训诂,也可以重新编成《尔雅》的形式。实际上已经有人这样做过。例如陈奂作《毛诗传义类》,朱骏声作《说雅》。前者可说是毛亨的《尔雅》,后者可说是许慎的《尔雅》。这两部书的分类也完全依照《尔雅》。例如《毛诗传义类·释故》:"淑、吉、良、臧、毅、时、义、祥、庆、类、价、仪,善也。"《说雅·释诂》:"吉、祥、臧、良、佳、俶、价、壬,善也。"《尔雅·释诂》:"仪、若、祥、淑、鲜、省、臧、嘉、令、类、绅、毅、攻、毅、介、徽,善也。"相同的地方很多,可见经生们的训诂是有根据的,不是乱来的。

《尔雅》以后,有魏张揖的《广雅》和托名孔鲋的《小尔雅》。

《广雅》书成于魏太和年间(227—232)。这部书的性质跟《尔雅》是一样的。其所以命名《广雅》,就是要推广《尔雅》,补充《尔雅》所未备的训诂。因此,它在分类上跟《尔雅》完全相同。只有某些种类的范围稍有不同,如《释亲》包括形体,《释水》包括舟船,这是《尔雅》所没有的。

在训诂方面,《广雅》显得比《尔雅》更自由一些,也就是说,有许多地方不是用同义词解释。例如第一条就说:"古、昔、先、创、方、作、造、朔、萌、芽、本、根、櫱、鼌、菶、昌、孟、鼻、业,始也。"这条大多数的字只能说是与始有关,不能就说它们本身具有始的意义。这样去了解《广雅》,才不至于误解。《广雅》也是一部很有价值的书,第三章谈到王念孙的《广雅疏证》时我们还要论述它。

《汉书·艺文志》载有《小雅》一篇。此书早已亡佚。现存的《小尔雅》是把《孔丛子》第十一篇抽出单行的。《孔丛子》是伪书,因此《小尔雅》也是伪书。这里不讨论了。

第三节　方言学的兴起

上古时代中国的幅员虽然没有今天这样广阔,但是交通不便,方言可能比今天还要复杂些。《孟子·滕文公下》有这样一段话:假如有那么一位楚大夫,他希望他的儿子学齐国话,他给他找齐国人做老师呢? 还是找楚国人做老师呢①? 可见齐方言和楚方言的差别是很大的。孟子在另一个地方(《滕文公上》)说楚国人陈良是"南蛮𫚖舌之人"。这虽是一句骂人的话,但如果方言差异不到听不懂的程度,决不会比喻为𫚖舌的。《左传·宣公四年》记载说:楚国人把哺乳叫做"穀",把老虎叫做"於菟",令尹子文是老虎哺乳过的,所以命名为鬬穀於菟(鬬是姓)②。这更证明:楚语和中原的语言不但词汇不同,连语法也有所不同了(虎乳不说"於菟穀",而说"穀於菟")。其他方言之间,有一些词汇上的差别。《左传·文公十三年》叙述秦伯的军队驻扎在黄河西岸,魏人在东岸,魏寿余对秦伯说:请您派一位河东人能够跟魏邑的官员们交谈的,我和他先渡河去交涉③。魏邑是晋国的属邑,据此可见,秦国与晋国之间,方言也是有差别的。《史记·秦始皇本纪》记载由余的先人是晋国人,所以他会说晋国话。这也证明秦晋方言的不同。《说文解字·序》说战国时代的七个国家"言语异声,文字异形",那是符合当时情况的。

秦统一天下以后,"同书文字"(《史记·秦始皇本纪》),这表现了书面语言的统一,同时也有利于民族共同语的形成。但是方言的分歧

---

① 原文:"有楚大夫于此,欲其子之齐语也,则使齐人傅诸? 使楚人傅诸?"
② 原文:"楚人谓乳穀,谓虎於菟,故命之曰鬬穀於菟。"
③ 原文:"秦伯师于河西,魏人在东。寿余曰:'请东人之能与夫二三有司言者,吾与之先。'"

不是一下子可以消灭的,州与州之间、郡与郡之间不能没有交际往来,语言的隔阂引起人们的重视,方言学由此兴起。

扬雄的《方言》是汉语方言学的第一部著作。他吸收了前人的成果,但主要还是他自己的创造。据应劭《风俗通》的序说,周秦时代每年八月派遣𫐐轩之使(𫐐轩是一种轻车)到各地采集方言,回来加以编纂,藏在秘室里。秦亡后,逐渐遗失了。蜀郡人严君平记有一千多个字。扬雄的老师林闾翁孺(林闾,复姓)也只整理出了一个大纲。扬雄很喜爱方言,于是他利用孝廉(略等于后代的举人)和士兵们集中在首都的方便,普遍地进行了访问,逐渐积累了一些材料。经过了二十七年,总共写成了九千字①。

扬雄,字子云,成都人。他是西汉末年的人。他的著作《方言》的全称是《𫐐轩使者绝代语释别国方言》。《汉书·艺文志》和《扬雄传》都没有提到这一部书,所以有人怀疑不是扬雄所作。真实的作者一时尚难断定。但是此书出世一定在应劭之前。既然郭璞为它作注,其为汉代作品则是没有疑问的。

《方言》的体例与《尔雅》同,每条先列举一些同义词,然后用一个常用词解释。但是它跟《尔雅》有一个大不相同的地方:这些同义词不是属于同一词汇的,而是属于不同的各个方言词汇的,这就构成了方言的互译。所以下面还必须说明某词属于某方言。全书约有十分之九的地方是这样做的。例如:

> 党、晓、哲,知也。楚谓之党,或曰晓。齐宋之间谓之哲。
>
> 㦗(líng)、怃(wǔ)、矜、悼、怜,哀也。齐鲁之间曰矜,陈楚之间曰悼,赵魏燕代之间曰㦗,自楚之北郊曰怃,秦晋之间或曰矜,或曰悼。

---

① 现存的《方言》共有一万一千九百余字,可能有后人增补的地方。

摑(hǎn)、梗、爽,猛也。晋魏之间曰摑,韩赵之间曰梗,齐晋曰爽。

㥾(xī)、喙(huì)、呬(xì),息也。周郑宋沛之间曰㥾,自关而西,秦晋之间或曰喙,或曰㥾,东齐曰呬。

锴(jiě)、鐖(qí),坚也。自关而西,秦晋之间曰锴,吴扬江淮之间曰鐖。

《方言》一书所指称的方言区域相当复杂。大致说来,有下列几种:

1.古国名,如秦、晋、韩、魏、赵、燕、齐、鲁、卫、宋、陈、郑、周、楚、吴、越等。其中晋国和韩、魏、赵三国是重叠了的,大约是在指较大区域时则说晋,指较小区域时则说韩、魏、赵。这些国家,在春秋战国时代的疆域不是没有变化的,所以只能得其大概。

2.州名,如幽、冀、并、豫、青、兖、徐、扬、荆、雍、凉、梁、益等。其中雍与凉、梁与益是重叠了的;汉代改雍州为凉州,改梁州为益州。书中所谓"雍凉之间、梁益之间",应作一个区域看待。

3.郡名,如代、汝南、沛、平原、临淄、会稽、广汉、蜀、巴等。

4.县名和地名,如曲阜、钜野、郖等。

5.水名,如江(长江)、河(黄河)、汾、济、汝、颍、淮、泗、湘、沅、洌水等。

6.山名,如岱(泰山)、衡、嵩、九嶷等。

7.其他国名和民族名,如朝鲜、瓯等。

此外还有一个最大的划分,就是以函谷关为界:函谷关之东叫做关东或自关以东,函谷关之西叫做关西或自关以西。

书中常常以两个以上的地名并举,如秦晋、赵魏、燕代、齐鲁、郑韩周、东齐海岱之间、吴扬、陈颍、江淮南楚之间等,显示了这两个(或更多)区域的方言非常接近,大部分词汇是共同的。但是同中有异,各地也有它的特点,例如秦与晋也有分开提的时候,有时候魏不跟赵在一起,而是跟宋在一起。根据这样的材料,我们可以划出一个西汉方言分区示意图来①。

这部书除了记录方言以外,还记载了古今词汇的不同。上文说过,《方言》的全称是《輏轩使者绝代语释别国方言》,可见这书有两个内容:除了"别国方言"以外,还有"绝代语释"。"绝代"就是远代的意思。郭璞《方言序》也说扬雄"考九服之逸言,标六代之绝语"②。《方言》里实际上保存了一些古代的词,所以《方言》的作者说:

> 敦、丰、厖(máng)、夵(jiè)、忨(hū)、般(pán)、嘏(gǔ)、奕、戎、京、奘(zàng)、将,大也。凡物之大貌曰丰。厖,深之大也。东齐海岱之间曰夵,或曰忨。宋鲁陈卫之间谓之嘏,或曰戎。秦晋之间凡物壮大谓之嘏,或曰夏。秦晋之间,凡人之大谓之奘,或谓之壮。燕之北鄙,齐楚之郊,或曰京,或曰将。皆古今语也。初别国不相往来之言也,今或同。

这就是说"敦、丰、厖、夵、忨、般、嘏、奕、戎、京、奘、将"等词都与"大"的意义相同,都只是古今语的分别。这些词,在各个地方并不全都互相通用,但是现在有些通用起来了。作者又说:

> 假、狢(gé)、怀、摧、詹、戻、艐(jiè),至也。邠唐冀兖之间曰假,或曰狢。齐楚之会郊或曰怀。摧、詹、戻,楚语也。艐,宋语

---

① 可以参看周祖谟《方言校笺》后面所附的方言地名简要图。惟魏国当依顾颉刚《中国历史地图集》第六图置于宋卫郑陈的中间。

② 九服,指侯服、甸服、男服、采服、卫服、蛮服、夷服、镇服、藩服。自王畿千里以外,五百里为一服。六代,《周礼·春官·大司乐》:"以乐舞教国子,舞云门大卷、大咸、大磬、大夏、大濩、大武。"郑注:"此周所存六代之乐。"六代指黄帝、尧、舜、禹、汤、武王。

也。皆古雅之别语也。今则或同。

这就是说，"假、佫、怀、摧、詹、庆、艐"等字在古代都是至的意思。《书·尧典》"格于上下"（"格"即"佫"），《说文解字》引作"假于上下"。《诗·大雅·云汉》"先祖于摧"。《诗·小雅·采绿》"六日不詹"。《诗·鲁颂·泮水》"鲁侯庆止"。《诗·小雅·小弁》"不知所届"。其中的"格（佫）、假、摧、詹、庆、届"（艐）正是解释为"至"。这些古词分别保存在邠唐冀兖之间、齐楚之会郊（交界处）、宋国、楚国的方言里。有些词还变成了多处共同使用的词呢。例如作者说：

> 众信曰谅，周南、召南、卫之语也。

这就是说，"谅"字当"众信"讲，通行于周卫之间，本来是《周南》《召南》《卫风》的话。今《诗·鄘风·柏舟》有"母也天只，不谅人只"的话，可以为证。

实际上，古语与方言有极其密切的关系。各地的方言，由于同出一源，所以语音有着对应的规律，产生了同一个词的不同语音形式。另有一些古代的词，它们在甲方言中保存下来，而在乙方言中消失了。最后还有一类词，它们在古代存在过，而后来在所有的地方都消失了。《方言》中有一些训诂只是《尔雅》式的，如"露，败也""别，治也"之类，并不说明属于哪一个区域的方言，很可能就是所谓"绝代语"，是已经过了时的、死了的词。

《方言》在中国语言学史上占着重要的地位。作者虽然没有到各地实地调查，但是向各地来大城市寓居的人们采访收集，也不失为调查研究的一种方式。他虽然只写下了一万来字，但是这书不但在语言史上提供了一些资料，而且在语言发展的规律和方言的性质上，给我们很大的启示。最重要的有五点：

第一，方言的分歧不妨害民族共同语的存在。书中提到"通语"的

地方很多,通语也就是民族共同语。例如:

通语:好(貌美)。宋魏:孃(yíng);秦晋:娥;关东、河济之间:嫶(máo)、姣(jiǎo);赵魏燕代:姝(shū)、妦(fēng);秦晋之故都,关东:妍。

通语:桮(杯)。秦晋之郊:盌(yǎ);关东,赵魏:椷(jiān)、盏、𥂖(fàn)、閜(xiǎ,大杯);吴越:𣂏(yáng);齐右平原以东:𧣪(mó)。

通语:罃(甖)。鄙桂之郊:瓨(gāng)、瓬(dǎn,小罃);周魏:瓿(wǔ);秦之旧都:甀(zhèng);淮汝之间:㼁(yóu);江湘之间:𤭯(cóng);关西,晋之旧都,河汾之间:甄(zhuì,大罃),瓿甊(pǒulǒu,中罃);关东,赵魏之郊:瓮、罃;东齐海岱:甗(yì)。

有时候,虽不明说是通语,但是说在前头,然后再罗列各地的称呼,自然也是通语。例如卷十说鸡、说猪,然后说各地对鸡、猪怎样称呼,"鸡、猪"当然是通语了。

担任解释的词,自然也是通语。例如先说"怃(wǔ)、俺(yān)、怜、牟,爱也",再说,"韩郑曰怃,晋卫曰俺,汝颍之间曰怜,宋鲁之间曰牟,或曰怜",最后说"怜,通语也"。"怜"固然是通语,而"爱"也是通语。也许"怜"还没有"爱"那样普通,所以需要特别提一提。

明白了这个道理,我们就知道汉族的民族共同语早已存在了;方言的复杂是幅员广阔的国家所难以避免的现象。我们不能从《方言》一书中得到错误的结论,夸大了汉语方言的分歧。

第二,方言可以发展为共同语。例如"晓"当知讲,本是楚语;"瓮"当罃讲,本是赵魏语;"疗"当医治讲,本是江湘方言;"褴褛"当衣被丑敝讲,"怂恿"当劝讲,本是南楚方言,现在都变成了普通话。共同语也可以演变为方言,因为有的地方把古语保存下来,有的地方消失了。例如"罃"本是通语,现在北方许多地方(如北京)口语中已经不用"罌"字,只有南方某些地方(如广州)口语中它还存在着①。方言也可以继续作为方言而存在,例如湘、沅二水交会处儿子叫"崽",音如"宰",现在湖南方言仍然称子为"宰"。方言又可以进入全民通用的书面语言,例如秦晋故都的"妍"、赵魏的"点"、楚语的"嬃"、楚郢江湘之间的"忸怩"。但是,语言是随着社会的发展而发展的,旧词的消失与新词的产生同样是语言发展的规律,因此,无论是共同语或方言,都会有大量的旧词从口语中消失掉。在这一点上,共同语与方言也有不同的情况。共同语的词从口语中消失后,一般成为文言词,我们在古典文献中还可以找到。例如"好"当貌美讲,我们既在《战国策·赵策》中看见"鬼侯有子而好",又在古诗《陌上桑》中看见"秦氏有好女",等等。方言词从口语中消失后,在古典文献中一般已难找到,所以我们对《方言》中所载的方言词多数感到陌生。

第三,方言区域虽然可以按照某种标准来划分,但是方言词汇之间存在着复杂的交错现象。例如书中宋与陈楚并举者三十五次,与魏并举者二十九次,与卫并举者二十次,与鲁并举者八次,与齐并举者八次,与郑并举者五次,假如把宋魏陈楚郑齐鲁卫都合为一个方言区域,则未免太大了,而且魏与赵、赵与燕代、楚与江淮,又牵连不断。正如方音现象一样,我们可以划出许多同语线(isogloss),但不能把所有的词(即整个词汇)用一条简单的界线从两个方言区域中间划出一条鸿沟来。

第四,在许多情况下,方言词汇的差异实际上只是语音的对应关系。同是一个词,在不同的方言里,有着不同的语音形式。扬雄自己有时候也注意到这种现象,他把这种现象叫做"转语"。例如他说"火"字在楚方言里的转语是"煤"(huǐ),在齐方言里的转语是"焜"

---

① 广州"罌(甖)"读成 ang。《广韵》:"罌(甖),乌茎切。"属耕韵。依《广韵》的语音系统广州正该读 ang。

（huǐ）。"煤"音同"贿"，"炋"音同"卉"，"煤、炋、火"都是双声，而且在上古同属微部，叠韵。他又说"㞞"（sōng）是"庸"的转语（没有指明是哪一种方言），"㞞"与"庸"是叠韵字。郭璞为《方言》作注，也注意到这个现象。他叫做"语转、声之转、语声转"等。例如《方言》说"崽者子也"，郭注就说是"声之转"；《方言》说"秦晋之间，凡物壮大谓之嘏，或曰夏"，又说"秦晋之间，凡人之大谓之奘，或谓之壮，燕之北鄙，齐楚之郊，或曰京，或曰将，皆古今语也"，郭璞注说"语声转耳"。《方言》说"蝇，东齐谓之羊"，郭璞注又说"此亦语转耳"。依上古语音系统，"子"与"崽"双声叠韵，"嘏"与"夏"叠韵，"京"与"将"双声，"奘"与"壮"叠韵，"蝇"与"羊"双声，所以郭璞说是语转。郭璞还说，"凡此之类皆不宜别立名也"。这就是说，"蝇"虽语转，仍可叫做"蝇"，另立"羊"名，反而容易引起误会。

实际上，语转的情况决不止上述这些，我们还可以举出一系列的例子。例如：

> 假、徦，至也。"假、徦"双声，古韵鱼部与铎部对转。
>
> 逆，迎也。"迎、逆"双声，古韵阳部与铎部对转。
>
> 朦、厐，丰也。"朦、厐"双声叠韵。"丰、朦"叠韵。
>
> 奕、僷（yè），容也。"奕、僷、容"双声。
>
> 倚（qǐ）、踦（qǐ），奇也。"倚、踦"双声叠韵，"奇"与"踦、倚"旁纽双声。
>
> 靭（rì）、敿（rú），黏也。"靭、敿"，日母字，"黏"，娘母字，古音娘日双声。
>
> 陈楚之间，凡人兽乳而双产，谓之釐孳，秦晋之间谓之僆子。"釐、僆"双声，"孳、子"同音异调。
>
> 悷、怜，哀也。"悷、怜"双声。

郭璞注云:"悇亦怜耳。"这一句话道破了一个秘密:在别处人听来是"悇",而本地人自己觉得说的只是"怜"。正如今天广州人把"怜"说成līn,一个四川人听了,以为他说的是"悇"(līn)一样。从语音的对应去了解方言词汇,许多误解都能得到纠正。

第五,从《方言》可以证明汉代已经存在着大量的双音词。在别的古书里,我们看见的双音词差不多都是叠音词和连绵字, 此外就是一些复合词或带复合性质的词如"天子、大夫"之类。前者可以说是一音化为两音,后者更不是纯粹的双音词。惟有《方言》所载的许多双音词,除了双声叠韵以外,还有既非双声又非叠韵的地道的双音词。例如:

> 谩台(mányí)、胁阋(xiéxì),惧也。燕代之间曰谩台,齐楚之间曰胁阋。宋卫之间,凡怒而噎噫谓之胁阋,南楚江湘之间谓之啴咺(chǎnxuǎn)。

"胁阋、噎噫"都是双声;"啴咺"是叠韵;"谩台"不是连绵字。

> 揜殜(yè dié),微也。……自关而西,秦晋之间,凡病而不甚曰揜殜。

揜殜,叠韵。

> 台(臺)敌,延也。……自关而西,秦晋之间,物力同者谓之台敌。

台敌,双声。

> 揄铺(yúfū)、艦侲(lánwú)、帗缕(fúlǔ)、叶(葉)褕(yèyú),毳也。荆扬江湖之间曰揄铺,楚曰艦侲,陈宋郑卫之间谓之帗缕,燕之北郊、朝鲜洌水之间曰葉褕。

叶褕,双声;揄铺、艦侲、帗缕,都不是连绵字。

> 恒慨、蔘绥(sānsuí)、羞绎、纷母,言既广又大也。荆扬之间,

凡言广大者谓之恒慨。东瓯之间谓之蓡绥，或谓之羞绎、纷母。

蓡绥，双声；恒慨、羞绎、纷母，都不是连绵字。

　　褛裂、须捷、挟斯，败也。南楚，凡人贫，衣被丑敝谓之须捷，谓之褛裂，或谓之褴褛……或谓之挟斯。

褛裂、褴褛"都是双声；"须捷、挟斯"都不是连绵字。

　　古人把《方言》一类的书认为训诂之属，的确，在训诂方面它是有一定贡献的，但是，更重要的还是它在汉语史研究上的价值。由方言词逐渐取得了共同语的资格的词，固然值得我们研究；即使是死去了的方言词，既然也存在过，也有参考的价值。语音方面，如果我们根据上文所述的同一个词的不同语音形式即转语的材料来分析概括，也可以看出西汉语音系统的一些情况。作为方言史的材料来看，这书更有无比的价值，因为它揭示西汉时代汉语方言分布的情况。

　　由于时代的局限，缺乏音标是《方言》不可避免的缺点。郭璞说，转语不宜另立名称，他的话自然是有道理的。但是我们也应该看到：假如不写成两个字，连语音的不同也表示不出来。当时没有音标，也只好这样做了。这样做，许多字只能起音标的作用。这种音标是很坏的音标，因为各方言中有许多语音上的细微区别，绝不是汉字所能精确地记录下来的。我们甚至不知道这些作为音标的汉字是拿什么地方的语音作为标准的。当然我们不能这样苛求扬雄，在他生活的汉代，他能这样做已经是难能可贵的了。

第四节　字书的兴起

　　汉字的形体和意义的关系非常密切。六书中的象形、指事、会意，不用说都是用字形来表示意义；即以谐声而论，一边是意符，一边是声符,可见仍有一半形体跟字义有关。认识了字的形体,有助于了解字的本义(其实是词的本义);反过来说,认识了字的本义,也有助于纠正错别字。汉字当中,谐声字占百分之九十以上,认识了谐声字的声符也就大致地知道了它们的读音。因此,我们需要有一部字书,从字形出发,阐述字形、字音、字义三方面的关系,来为国家的语文教育服务。

在西汉时代,学童十七岁考试,要能背诵讲解九千字才能做史(郡县掌文书的官);又考试八种字体,合格的才能做尚书史(中央掌文书的官)。国家这样要求,人们单靠《急就篇》之类的童蒙识字课本是不够用的。到了东汉时代,背诵讲解九千字的制度被取消了,考试八种字体的办法也不再实行了,国家的语文教育已经松弛下来,人们胡乱解说字形,如说"马头人为長,人持十为斗,蟲者屈中也"。这时离开古代更远,古书越来越不好懂。在这种情况下,字书更成为迫切需要的了。许慎的《说文解字》正是应着这种时代要求而产生的。

许慎字叔重,汝南召陵人。从小就通晓经书,当时人们称赞他说"五经无双许叔重"("双"与"重"押韵)。他"博采通人","遵修旧文",写成了他的《说文解字》。这书是在和帝永元十二年(100)开始写的,历时二十一年,直到安帝建光元年(121)才告完成。这是中国的第一部字书,即后代所说的字典。

《说文解字》的体例是用小篆写一个字下来,先讲字义,其次讲字形与字义、字音之间的关系。最常见的公式是:

　　×,×也。从×,×声。

这是谐声字的公式。从×,表示这是意符,被解说的字和它属于同一意义范畴,或者在意义上有密切关系;×声,表示这是声符,被解说的字和它同音,或者读音相近。例如:

　　炳,明也。从火,丙声。

想,冀思也。从心,相声。

跣,足亲地也。从足,先声。

晩,莫(暮)也。从日,免声。

如果是会意字,虽然有时候说明是会意,如"信,诚也,从人,从言,会意"①,但一般的公式则是:

×,×也。从×,从×。

或者是:

×,×也。从××。

这表示两个都是意符,它们合起来成为一个意义。例如:

鸣,鸟声也。从鸟,从口。

美,甘也。从羊,从大。

妇,服也。从女持帚洒扫也。

男,丈夫也。从田,从力。言男用力于田也。

休,息止也,从人依木。

又有三个意符合起来成为一个意义的。例如:

祭,祭祀也。从示以手持肉。

如果是象形字,则说明是象形。其公式是:

×,×也。象形。

或者是:

×,×也。……象形。

或者是:

×,×也。象……之形。等等。

___

① 《说文解字系传》没有"会意"二字。

例如：

> 彡，兵也。象形。
>
> 𠂆，厂也。象形。
>
> 𤿚，玄鸟也。𠚤(niè)口①，布𢃇(翅)，枝尾，象形。
>
> 𦏧，长尾禽总名也。象形。鸟之足似匕，从匕。

至于指事字，虽然有时候也说明是指事，如"上，高也。此古文上，指事也"，但一般也都说成是象形。例如：

> 刅，刀坚也②。象刀有刃之形。
>
> 毌，穿物持之也。从一横贯象宝货之形③。

指事和象形之间的界限是不大清楚的。大致说来，指事或者是描写抽象的概念，如"上、下"；或者是在象形字上再加某种记号，如"刀"上加一点指示刀刃之所在，或者是两种记号合成一字，如毌是象宝货的囗(不成字)再加一根横杠子。

《说文解字》每字一般只说解一个意义，就是它的本义。偶然也载另一说。但是这只表示另一派学者对于这字的本义有不同的看法。因此，另一说仍然说的是字义和字形的关系。例如：

> 賕，以财物枉法相谢也。从贝，求声。一曰载质也④。
>
> 㰻，悡也。从欠，气声。一曰口不便言⑤。

---

① "𠚤"是箝的意思。

② 段玉裁改"坚"为"鉴"。

③ 宝货代表一般的物。段玉裁说："独言宝货者，例其余。"

④ 賕就是贿赂。载质即载贽。《仓颉篇》："载请曰賕。"按：载质也是为了贿赂，与前一说差不多(参照王筠说)。

⑤ "悡"即"幸"字。"㰻"当幸讲，也就跟"觊"字相同。口不便言就是口吃；若依后一说，则"㰻"也就是"吃"字。

《说文解字》没有反切。谐声字从声符可以知道读音的梗概。许慎对于某些字,认为应该注明它的读音时,则用直音法,注为"读若某"。所谓"读若某",可能是完全同音,也可能是声音相近。例如:

虔,读若矜。

慴(zhé),读若叠。

蓻(zhí),读若挚同①。

猰(tà),读若比目鱼鲽之鲽。

字典中的举例,是帮助读者更明确地了解字义的手段之一。《说文解字》在这方面做得不多,但作者在引经据典时,实际上是起了举例的作用。

湎,沈于酒也。从水,面声。《周书》曰:"罔敢湎于酒。"

见于《书·酒诰》。

来,周所受瑞麦来麰。……《诗》曰:"诒我来麰。"

见于《诗·周颂·思文》。今本《诗经》"诒"作"贻","麰"作"牟"。

向,北出牖也。从宀(mián),从口。《诗》曰:"塞向墐户。"

见于《诗·豳风·七月》。

馨,芳也。从黍,从甘。《春秋传》曰:"黍稷馨香。"

见于《左传·僖公五年》。原文是:"黍稷非馨,明德惟馨。"又:"明德以荐馨香。"

部首的建立,是许慎的重大创造。本来汉字就是凭形体表示意义

---

① 《说文解字系传》作"读若执同"。

的,因此,把意符加以分析并归类,这是文字学家所应当做的一项重要工作。《说文解字》的部首一共是五百四十部,其中虽然还有可以合并的或重新调整的,那只是个别的地方。许慎在五百四十个部首的次序安排上是煞费苦心的,他把形体相似或意义相近的部首排在一起,这样就等于把五百四十个部首分成若干大类。他这样做的目的是帮助读者更好地认识意符的作用,从而更确切地了解字义。

　　釆 部二十六①。

　　止 部二十七(蒙釆从止而次之)。

　　癶 部二十八(蒙止屮二文而次之)②。

　　步 部二十九(亦蒙止屮二文次之)。

　　此 部三十(蒙止而次之)。

　　正 部三十一(蒙止而次之)。

　　是 部三十二(蒙正而次之)。

　　辵 部三十三③(蒙止而次之)。

　　彳 部三十四④(蒙辵从彳而次之)。

　　廴 部三十五⑤(蒙彳而次之)。

　　延 部三十六⑥(蒙廴而次之,兼蒙止)。

　　行 部三十七⑦(蒙彳部彳亍二文而次之)。

　　齿 部三十八(仍蒙止而次之)。

---

① 　釆(釆)就是"走"字。

② 　癶(癶),读若拨(bō)。"登"字从此。屮(少),蹈也,读若挞(tà)。

③ 　辵,乍行乍止也。从乍,从止。丑略切,读chuò。偏旁隶变为辶,"进、过"等字皆从此。

④ 　彳(彳),小步也。丑亦切,读chì。"往、复"等字从此。

⑤ 　廴(廴),长行也。余忍切,读yìn。"延(征)、建"等字从此。

⑥ 　延(延),安步延延也。丑连切,读chàn。"延"字从此。

⑦ 　行(行)即"行"字。"术、衢"等字从此。

牙部三十九(牙之形无所蒙,而其为物齿属也,故次于此)。

㺲部四十(仍蒙止而次之)。

㲋部四十一—①(仍蒙止)。

有两种不同性质的部首:一种是文字学原则的部首,另一种是检字法原则的部首。前者严格地依照六书的体系(只有同一意符的字可以隶属于同一部首),如《说文解字》;后者在一定程度上破坏了六书的体系,如清代的《康熙字典》。例如"甥、舅"二字,《说文解字》都归男部,这是合理的;《康熙字典》以"甥"入生部,"舅"入臼部,是不依意符归部,从六书观点看是错误的。"随"字《说文解字》入辵部,《康熙字典》入阜部,也应该认为前者合于六书。当然,检字法原则的部首也有它的实用价值,但不能因此贬低了文字学原则的部首,《说文解字》的五百四十个部首仍然是值得研究的。

《说文解字》每一个部首内部的字也不是杂乱无章的,而是基本上做到以类相从的。例如木部的次序,大致是先列木名,其次列树木的各个部分(木、柢、根、末、果、权、枝、条、枚),其次再列木制品。水部大致也是先列水名,后列与水有关的动词和形容词。许慎是从意义出发来安排字的次序的,和后世依笔画多少来安排者不同。这也是文字学原则与检字法原则的差别。

在字义的解释上,许慎也有极其重要的创造。现在我们拣最突出的两点来说:

第一,许慎抓住字的本义,这是从根本上解决训诂的问题。本义是一切引申义的出发点,抓住了本义,引申义也就有条不紊。本义总是代表比较原始的意义,因此,与先秦古籍就对得上口径。汉代去古未远,讲求本义也许在多数地方只有说解字形的作用;但是越到后代,

---

① 㲋(疋),足也。所菹切,读 shū。"疏"字从此。

本义越变为重要的知识,因为语言发展了,许多本义对一般人来说都是陌生的了。例如"向"字本义是"北出牖",《诗·豳风·七月》"塞向墐户"已足为证。《礼记·明堂位》:"刮楹达乡。"郑玄注:"乡,牖属,谓夹户窗也。"《仪礼·士虞礼》:"启牖乡如初。"郑玄注:"乡、牖,一名也。""乡"与"向"音同义通,"向"的本义更多了两个证据。又如"香"字本义是芳,而"芳"的本义是草香①。单看"芳也"还不大了解"香"的本义,但是"香"既从黍,可见香的本义是谷物的香。《左传》说"黍稷非馨",又说"明德以荐馨香",可见"香"指的是黍稷的香②。我们再看下面的一些例子:

> 庐,寄也。秋冬去,春夏居。

庐是寄居的房子,《诗·小雅·信南山》"中田有庐"与此合。

> 毙(毙),顿仆也。

《左传·定公八年》"与一人俱毙"与此合。

> 捷,猎也,军获得也。

"猎"是声训。"捷"作动词用时,表示获得战利品;作名词用时,表示战利品。《春秋·庄公三十一年》"齐侯来献戎捷",与此合。

> 愤,懑也。

"愤"的本义是烦闷或憋闷。《论语》"不愤不启、发愤忘食",《楚辞·九章》"发愤以抒情",与此合。

> 及,逮也。从又人。

---

① 《说文解字》:"芳,香草也。"段玉裁说当作"草香",朱骏声从段说。
② 王筠于"从黍从甘"下注云:"甘者谷之味,香者谷之臭。"他的意见是对的。

"逮"是赶上的意思。"又"就是手,"及"的篆文作ā,甲骨文作⏀。赶上了人,用手拉住了。《左传·成公二年》"故不能推车而及",与此合。

> 秉,禾束也。从又持禾。

《诗·小雅·大田》"彼有遗秉",与此合。

> 析,破木也。一曰折也。从木,从斤。

《诗·齐风·南山》"析薪如之何? 匪斧不克",与破木义合。

这种例子举目皆是。如果我们说《说文解字》是上古汉语词汇的宝库,也不算是过分的。

第二,许慎不满足于单词释义,他在许多地方加上了描写和叙述。这种做法在《尔雅》里也有,例如"南方有比翼鸟焉,不比不飞,其名谓之鹣鹣",又如"貘貐,类貙,虎爪,食人,迅走"。但是许书的描写和叙述比《尔雅》丰富得多。下面举出一些例子:

(1)关于草木鸟兽虫鱼的描写。

> 葰(suī),姜属,可以香口。
>
> 茛(lì),草也,可以染留黄。
>
> 蒲,水草也,或以作席。
>
> 樿(zhàn),木也,可以为栉。
>
> 椵(jiǎ),木,可作床几。
>
> 桂,江南木,百药之长。
>
> 凤,神鸟也。天老曰:凤之像也,麐前鹿后,蛇颈鱼尾,龙文龟背,燕颔鸡喙,五色备举。出于东方君子之国,翱翔四海之外。过

昆仑,饮砥柱,濯羽弱水,莫(暮)宿风穴。见则天下大安宁①。

鹦,鹦䳇,能言鸟也。

鹬(yù),知天将雨鸟也。

鸊(jiè),鸟似鹖而青,出羌中。

狼,似犬,锐头,白颊,高前,广后。

鼫(shí),五技鼠也。能飞不能过屋,能缘不能穷木,能游不能渡谷,能穴不能掩身,能走不能先人。

貈(貉 hé),似狐,善睡兽也。

豹,似虎,圜文。

象,南越大兽,长鼻牙,三年一乳②。

螉(wēng),虫在牛马皮者。

蟘(lüè),蠼(qú)蟘也。一曰蜉游,朝生莫(暮)死者。

鰫(yóng),鱼名。皮有文。出乐浪东暆(yí)。神爵四年,初捕收输考工③。周成王时,扬州献鰫。

(2)关于天文时令的叙述。

昴(mǎo),白虎宿星。

農(辰),房星,为民田时者。

岁,木星也。越历二十八宿,宣偏阴阳,十二月一次。

曟(辰),日月合宿为曟。

霸,月始生霸然也。承大月二日,承小月三日。

朢(望),月满也。与日相望,似朝君④。

---

① 此条引文从段玉裁。
② 此条引文从段玉裁。三年一乳是说三年一产子。
③ 指乐浪郡东暆县,汉代郡县名。神爵,汉宣帝年号。输,送给。考工,官名,主管器用。
④ 此条引文从段玉裁。

（3）关于地理的叙述。

猱（náo），山在齐地。

嶷（yí），九嶷山，舜所葬，在零陵营道。

江，水出蜀湔氐徼外崏山，入海。

淮，水出南阳平氏桐柏大复山，东南入海。

泗，泗水受泲水，东入淮。

郑，京兆县。周厉王子友所封。……宗周之灭，郑徙潧洧之上，今新郑是也。

邶，故商邑，自河内朝歌以北是也。

（4）关于文物典章制度的历史叙述。

几，踞几也。……《周礼》五几：玉几，雕几，彤几，鬃几，素几。

舟，船也。古者共鼓货狄刳（kù）木为舟，剡（yǎn）木为楫，以济不通。

车，舆轮之总名。夏后时奚仲所造。

贝，海介虫也。……古者货贝而宝龟。周而有泉（钱），至秦废贝行钱。

这种描写和叙述，其中有神话（如"凤"），有传说（如"龋"），有传闻失实的地方（如某些地理叙述），但是，大多数还是可靠的。本来字典的任务就不能限于字义的解释，有些知识性的东西对读者还是很有用的。譬如说"桂"是江南木，又说是百药之长。产地有了，作用也有了，人们就知道古人所谓"桂"是肉桂，而不是木犀。又如说岁星越历二十八宿，十二月一次（一次等于现代天文学所谓一宫），然后读者能把岁星和年岁联系起来。许慎在这些地方显示出了他学识的渊博。

在中国语言学史上，从《尔雅》《方言》到《说文解字》是一个大发展。《尔雅》只讲字义,《说文解字》除讲字义以外,还讲字形和字音。《尔雅》只是材料的搜集和排比,《说文解字》则真正搞成一个科学体系,写出破天荒第一部字典来。《尔雅》所收的,主要是那些偏僻的词义,因为常用的词义是用不着训诂的。《说文解字》正相反,它所收的主要是词的常用意义,因为词的常用意义往往也就是词的本义。对于后代的人来说,哪一种书作用更大呢,显然是《说文解字》的作用更大;因为从本义可以推知许多引申义,以简驭繁,能解决一系列的问题。

作为一部字典,《说文解字》对后代语文学的影响非常之大(详待第三章第一、二两节再谈)。后代的字典,基本上不出《说文解字》的范围,只不过字数增加、例子增加罢了。《说文解字》是中国古代语言学的宝藏,直到今天还没有降低它的价值。在体例上,我们今天的词典自然比它更完善了,而在古代词义的保存上,它是卓越千古的。自从有了甲骨文和金文出土,《说文解字》所误解的一些地方得到了修正。但是我们可以说,假如没有《说文解字》作为桥梁,我们也就很难接近甲骨文和金文。总之,这一部书的巨大价值是肯定了的。

由于时代的局限,《说文解字》不可能没有缺点。现在提出重要的几点来说一说:

(1)对字形有所误解。《说文解字》从字形说明字的音义,本来是好的。但是,字形认错了,解释也就难免陷于错误。这又可以分为两种情况:

(a)字义没有弄错,但是字形认错了。例如:

　　　　弆,弓弩矢也。从入,象镝栝羽之形。

按:甲骨文"矢"作,象镝幹栝之形,并非从入①。

---

① 王筠说《说文解字》原文不应有"从入"二字。

𫐄(射)，弓弩发于身而中于远也。从矢，从身。𦐇，篆文躲，从寸。寸，法度也，亦手也。

按：甲骨文"射"作𫝆，《说文解字》说从身是由弓形而误；又作𫝆，《说文解字》说从寸是由手形而误。

畢，田网也。从田①，从芈（bān），象畢（毕）形微也。或曰由（fú）声。

按：甲骨文"畢"作𫝆，不从田，更不从由。芈本象畢形，而许氏于"芈"字下云："箕属，所以推弃之器也。"粪箕与田网各不相涉，许氏勉强牵合，也不对。

𤲷，土室也。从宀，八声。

按：金文"穴"字作𤲷，象穴形②，不从八。

（b）不但字形认错，连字的本义也弄错了。例如：

𢔚，人之步趋也。从彳从亍。

按：甲骨文作𢔚，象四达之衢。这是讲错了本义，但步趋仍不失为引申义。

𤰔，母猴也。其为禽好爪。下腹为母猴形。

按：甲骨文作𤰔，象手牵象之形。古者役象以助劳，"为"字最初表示生产劳动。这是字形和字义都讲错了。

𤱍，大腹也。从大繇（系）省声。

按：甲骨文"奚"字作𤱍，金文作𤱍，皆象手牵缧绁的奴隶，并无大腹

---

① "从田"二字依《韵会》补。
② 这是由秦公殷"竉"字从穴推知的。

之意。

(2)拘泥字形以讲字义,不免牵强附会。许慎距离造字时代已远,对古人造字原意不能完全了解,那是很自然的。许慎在序里说:"其于所不知,盖阙如也。"可惜他不能完全贯彻这个原则,有些地方就不免出于臆断。例如:

> 王,天下所归往也。董仲舒曰:"古之造文者,三画而连其中谓之王。三者,天地人也,而参通之者王也。"孔子曰:"一贯三为王。"

按:甲骨文"王"字作王、王、王等,不是一贯三。有人认为象地中有火。许氏引董仲舒的解释肯定是不对的,孔子的话大约是误传。

> 弔,问终也。……古之葬者厚衣之以薪,从人持弓,会驱禽。弓盖往复吊问之义。

按:"弔"(吊)的原始意义是善。古"弔""叔"(淑)通用。字为什么从弓,难于索解,但不会如许氏所说。

> 甘,美也。从口含一,一,道也。

按:造字时代不会有"道"这种抽象的哲学概念。王筠认为"甘"字口中的一画不是"一"字,而是象口中所含之物。王说比较可信。

(3)采用声训之类不科学的解释。许氏所用的声训,有些是沿用前人的,有些是自己造的,我们不必一一加以区别。应该指出,《说文解字》的声训多限于干支(如"丙,位南方,万物成炳然","丑,纽也")、五行(如"木,冒也","火,燬也")、四方(如"东,动也","南,草木至南方有枝任也")以及一些常用词(如"门,闻也","户,护也")[①]。声训

---

① 天干、五行、四方也不全是声训,只有地支全是声训。

在《说文解字》中所占的分量不大,因此,不算是很大的缺点。

(4)《说文解字》最大的错误是以后起字为本字。一个字往往有两个以上的意义,除了本义之外,有引申义,有假借义。引申义例如取得的"取",引申为取妇的"取",后来写作"娶"。假借义例如房舍的"舍",假借为取舍的"舍",后来写作"捨"。这类字叫做区别字。区别字都是后起的,而《说文解字》作为本字收入正篆里,则是错误的。例如:

> 娶,取妇也。段注:"取彼之女,为我之妇也。经传多叚'取'为'娶'。"

> 捨,释也。段注:"释者,解也。按经传多叚'舍'为之。"朱骏声曰:"经传皆以'舍'为之。"

> 瑂,治玉也。段注:"经传以'雕、彫'为'瑂'。"

> 朢,月满也。与日相望,似朝君。从月,从臣,从壬。壬(tǐng),朝廷也。徐灏曰:"窃谓'望、朢'本一字。"林义光曰:"'朢'当以远视为本义。"力按:甲骨文作🦵,🔵象眼睛,丨象踮脚,表示远望。

> 癮,寐而觉者也。桂馥曰:"经典通用'夢'字。"

> 戕,扶也。朱骏声曰:"古诗:'好事相扶将。'以'将'为之。经传皆以'将'为之。"

> 歆,尽也。朱骏声曰:"经传皆以'畢'为之。"

> 媄,色好也。朱骏声曰:"经传皆以'美'为之。"

> 婬,私逸也。朱骏声曰:"经传皆以'淫'为之。"

以上诸例,除"娶、捨"二字外,其他在后世都没能行用。既然经传都不用,当然不能认为是本字。《说文解字》这样做,对后世会产生不良影响。今人注解古书,往往说"坐通座、县通悬、说通悦、莫通暮"等,是和《说文解字》犯了同样的错误。

我们把《说文解字》的成就和缺点加以比较，认为成就是大的，缺点是小的，而且在当时的条件下，也是难以避免的。

第五节　声　训

我们用一节的篇幅来叙述中国古代的声训，一则因为声训在汉代成为一种风尚，值得叙述；二则因为声训已经超出了语文学的范围，而进入了语言学的范围，更值得我们重视。虽然声训是应该批判的，但是古人对语源曾经进行过探索，仍然算是中国语言学史上一个重要阶段。

跟西洋上古时代一样，中国上古时代的许多学者们对语源发生了浓厚的兴趣。我们知道，语源学（etymology）的原始意义应该是真诠学（希腊语 etymon，真的；logos，话）。西洋上古时代著名哲学家苏格拉底、柏拉图等都探讨过语词的真正意义，柏拉图并且写了他的专著《Cratyle 对话集》①。柏拉图与孟子同时。上文说过，孟子也用过声训，但是讲得不多，并且也不是为了语源学的目的。到了汉代，人们才大量应用了声训，而且越来越明显地寻求真诠，即追究事物之所以得名的真正解释。这种做法跟荀子"名无固宜，约定俗成谓之宜"的理论是背道而驰的。

跟西洋一样，中国上古时代用语音相同或相近的词来说明词的真正意义。"声训"之名由此而起。《易·说卦》说："乾，健也；坤，顺也；坎，陷也；离，丽也；兑，说也。"已经广泛地使用了声训②。《淮南子》

---

① 参看威廉·汤姆逊《十九世纪末以前的语言学史》7—12 页，中译本。
② 《说卦》旧说孔子所作，不可信。一般认为成于战国秦汉之间。

《史记》《汉书》在个别的篇章里也运用了声训。《春秋繁露》《白虎通》《风俗通》以及一些纬书(如《春秋元命苞》)里面的声训更多了[1]，特别是《白虎通》，差不多每章都有声训。经学家马融、服虔、卢植、郑玄等在他们的注经工作中也运用了声训[2]。到了刘熙的《释名》，则成为声训的专著，作者纯然从语言学观点去探求词的真正意义。我们打算先从总的方面谈一谈，然后着重讨论《释名》。

声训的对象，首先是那些带有神秘色彩的名词。干支本来可能来源于实物的名称[3]，但是汉代人已经不能考证干支的原始意义，于是应用声训来解释。他们的解释，有一致的地方，也有不一致的地方。现在列举如下：

> 寅，万物螾螾。卯，茂茂然。辰，振之。巳，生巳定。午，忤。未，昧。申，呻之。酉，饱。戌，灭。亥，阂。子，兹。丑，纽。(《淮南子·天文训》)

> 亥，该，言阳气藏于下，故该。子，滋，言万物滋于下。壬，任，言阳气任养万物于下。癸，揆，言万物可揆度。丑，纽，言阳气在上未降，万物厄纽未敢出。寅，言万物始生螾然。卯，茂，言万物茂。甲，言万物剖符甲而出。乙，言万物生轧轧。辰，言万物之蜄。巳，言阳气之巳尽。午，阴阳交。丙，言阳道著明。丁，言万物之丁壮。未，言万物皆成，有滋味。申，言阴用事，申贼万物。酉，万物之老。庚，言阴气庚万物。辛，言万物之辛生。戌，言万

---

① 《春秋繁露》旧题董仲舒撰，后人疑是伪书，大约出于东汉人之手。《白虎通》一般相信是班固所作，但也没有确凿的证据。《风俗通》是汉末应劭所作。

② 例如《易·观卦》："童观。"马融注："童犹独也。"《左传·隐公元年》："故不书爵。"服虔注："爵者醮也。"又《昭公四年》："桃弧棘矢。"服虔注："桃，所以逃凶也。"《礼记·郊特牲》："郊之用辛也。"卢植："辛之为言自新洁也。"《诗·召南·采蘋》："于以采蘋……于以采藻。"郑玄笺："蘋之言宾也，藻之言澡也。"

③ 参看郭沫若《释支干》，见于他所著的《甲骨文字研究》151—216 页。

物尽灭。(《史记·律书》)

孳萌于子,纽牙于丑,引达于寅,冒茆于卯,振美于辰,已盛于巳,咢布于午,昧薆于未,申坚于申,留孰于酉,毕入于戌,该阂于亥。出甲于甲,奋轧于乙,明炳于丙,大盛于丁,丰楙于戊,理纪于己,敛更于庚,悉新于辛,怀任于壬,陈揆于癸。(《汉书·律历志》)

寅,演。卯,茂。辰,震。甲,万物孚甲。乙,物蕃屈有节欲出。巳,物必起。午,物满长。未,味。丙,其物炳明。丁,强。申,身。酉,老物收敛。戌,灭。庚,物更。辛,阴始成。亥,侅。子,孳。丑,纽。壬,阴始任。癸,揆度。(《白虎通·五行》)

甲,孚甲。乙,轧。丙,炳。丁,强(?)。戊,茂。己,起。庚,更。辛,新。壬,任。癸,揆。(《礼记·月令》郑玄注)

甲,从木戴孚甲之象。乙,象春草木冤曲而出,阴气尚强,其出乙乙。丙,位南方,万物成,炳然。丁,夏时万物皆丁壮成实。庚,位西方,象秋时万物庚庚有实。辛,秋时万物成而熟,金刚味辛,辛痛即泣出。壬,象人怀妊之形。癸,冬时水土平,可揆度。子,十一月,阳气动,万物滋。丑,纽。寅,髌。卯,冒,二月万物冒地而出。辰,震,三月阳气动,雷电振。巳,巳,四月阳气已出,阴气已藏。午,牾,五月阴气午逆阳。未,味,六月滋味也。申,神,七月阴气成,体自申束。酉,就,八月黍成,可为酎酒。戌,灭,九月阳气微,万物毕成,阳下入地。亥,荄,十月微阳起,接盛阴。(《说文解字》)

子,孳,阳气始萌,孳生于下。丑,纽,寒气自屈纽。寅,演,演生物。卯,冒,载冒土而出。辰,伸,物皆伸舒而出。巳,巳,阳气毕布巳。午,仵,阴气从下上,与阳相仵逆。未,昧,日中则昃,向幽昧。申,身,物皆成其身体,各申束之,使备成。酉,秀,物皆成。

戌，恤，物当收敛，矜恤之。亥，核，收藏百物，核取其好恶真伪。甲，孚甲，万物解孚甲而生。乙，轧，自抽轧而出。丙，炳，物生炳然，皆著见。丁，壮，物体皆丁壮。戊，茂，物皆茂盛。己，纪，皆有定形可纪识。庚，更，又坚强貌。辛，新，物初新者皆收成。壬，妊，阴阳交，物怀妊。癸，揆，揆度而生，乃出土。(《释名·释天》)

声训家是依照时令来解释干支的意义的①。甲、乙是春，所以说"剖符甲而出、万物生轧轧"。寅、卯、辰是夏历一、二、三月，所以说"始生蜎然、万物茂、万物之蜄"(《玉篇》"蜄，动也")。丙、丁是夏，所以说"阳道著明、万物丁壮"。巳、午、未是四、五、六月，所以说"阳气已尽(尽，指到已极点)、阴阳交"(忤)，"万物皆成，有滋味"。庚、辛是秋，所以说"阴气庚万物、万物之辛生"。申、酉、戌是七、八、九月，所以说"阴用事，申贼万物"，"万物之老、万物尽灭"。壬、癸是冬，所以说"万物任养于下、万物可揆度"。亥、子、丑是十、十一、十二月，所以说"阳气藏于下、万物滋于下、万物厄纽未敢出"。戊、己于四季无所属，所以《史记·律书》不谈戊、己，而《说文解字》对于戊、己也没有声训。但是《礼记·月令》以戊、己附于季夏的后面，所以《汉书·律历志》说"丰茂于戊，理纪于己"，《月令》郑注与《释名》也有类似的解释。

声训家解释一致的地方不足怪，因为可能是互相抄袭；不一致的地方更不足怪，因为正如郭沫若先生所说，"子、丑之同音字如有一百，即可有一百种异说成立"②。按：十二支配十二月始于汉代③。而天干之配四季，则与五行有关，自亦始于汉代。从殷到秦，干支只用来纪

---

① 这里举《史记·律书》以例其余。《释名》："未，昧也，日中则昃，向幽昧也。"这是专就一日午后而言，是唯一的例外，所以受到毕沅的批评。

② 《甲骨文字研究》218—219 页。

③ 参看《甲骨文字研究》219 页。

日。这样,干支以时令为声训就完全失去了事实根据。

与天文律历有关的,还有四时、四方、五行、五声的概念①。因此,汉代人对于这些概念也不免利用声训。例如:

(1)四时。

> 冬,终。夏,假。秋,鞧(jiū)。春,蠢。(《汉书·律历志》)
>
> 春,蠢。夏,假。秋,愁。冬,中。(《礼记·乡饮酒义》)
>
> 春,出。夏,假。(《尚书大传》)
>
> 春,偆偆动。秋,愁亡。冬,终。(《白虎通·五行》)
>
> 春,推。(《说文解字》)
>
> 春,蠢,万物蠢然而生。夏,假,宽假万物使生长。秋,緧,緧迫品物使时成。冬,终,物终成。(《释名·释天》)

(2)四方。

> 北,伏。南,任。西,迁。东,动。(《汉书·律历志》)
>
> 东方,动方,万物始动生。南方,任养之方,万物怀任。西方,迁方,万物迁落。北方,伏方,万物伏藏。(《白虎通·五行》)
>
> 东,动。南,草木至南方有枝任。(《说文解字》)
>
> 西方,鲜方。北方,伏方。(《尚书大传》)

(3)五行。

> 水,准,养物平均有准则。木,触,阳气动跃。火,随委,万物布施。火,化,阳气用事,万物变化。金,禁。土,吐。(《白虎通·五行》)
>
> 金,禁,气刚严能禁制。木,冒,华叶自复冒。水,准,准平物。

---

① 此外还有律吕和星宿的概念,为节省篇幅,不叙述。

火,化,消化物,亦言毁也,物入中皆毁坏。土,吐,能吐生万物。(《释名·释天》)

木,冒也,冒地而生。水,准也。火,煅也。土,地之吐生万物者也。(《说文解字》)

(4)五声。

夫声者,中于宫,触于角,祉于徵,章于商,宇于羽。(《汉书·律历志》)

角者跃也,阳气动跃。徵者止也,阳气止。商者张也,阴气开张,阳气始降也。羽者,纡也,阴气在上,阳气在下。宫者容也,含也,含容四时者也。(《白虎通·礼乐》)

由此看来,声训和阴阳五行之说有关系。古人并不是对一切的词都要追求它的真诠,而只是对于他们认为重要的事物的名称。因此,日常应用的形容词和动词是不大成为声训的对象的。一般名词如形体、用具等,也不大成为声训的对象。相反地,有关名号、典章制度等名词则随着天文、律历之后,逐渐被用声训来解释。《春秋繁露》有《深察名号》篇,作者以为"治天下之端,在审辨大;辨大之端,在深察名号"。又以为"名号之正,取之天地","名则圣人所发天意,不可不深观也"。深察名号,提到了治天下的高度上来说,可谓重要极了。而怎样去进行"深察"呢?却又仍然离不了声训。作者说:"君者元也,君者权也,君者温也,君者群也。"这些声训就告诉我们为君者应该怎样为君。由此看来,汉代人的声训仍然没有脱离孔子的"政者正也"的用意,仍然是以声训为手段,宣传儒家的政治思想。

与其他各书不同,《释名》则是从语言学出发来研究声训的。《释名》原题汉北海刘熙成国撰。按:《后汉书·文苑传》说刘珍撰《释名》。刘熙或又作刘熹。依毕沅考证,刘熙大约是汉末或魏时人,可能是刘珍先有《释名》，而刘熙加以补充。

刘熙在《释名》的自序中，讲明了他写书的目的。他说："夫名之于实，各有义类。百姓日称而不知其所以之意。故撰天地、阴阳、四时、邦国、都鄙、车服、丧纪，下及民庶应用之器，论叙指归，谓之《释名》，凡二十七篇。"这书的最大特点有二：第一，作者不是拣重大的事物来解释它们的名称，而是"下及民庶应用之器"，无所不谈，因此，就不是每一个声训都讲一番大道理。这样就在很大程度上脱离了说教的范围而进入了语言学的领域；第二，作者不是局限于某些词，而是企图说明一切词的"所以之意"。当然，他还不可能做到没有遗漏，但是他说"凡所不备，亦欲智者以类求之"，意思是说他已经创立了声训的原则，聪明人照着办就是了。

《释名》二十七卷的次序是：1. 天；2. 地；3. 山；4. 水；5. 丘；6. 道；7. 州国；8. 形体；9. 姿容；10. 长幼；11. 亲属；12. 言语；13. 饮食；14. 采帛；15. 首饰；16. 衣服；17. 宫室；18. 床帐；19. 书契；20. 典艺；21. 用器；22. 乐器；23. 兵；24. 车；25. 船；26. 疾病；27. 丧制。由此看来，《释名》收词的范围比《尔雅》广泛得多。至于解释，则完全从声训出发，和《尔雅》大不相同。《尔雅》偶然也有声训，如"甲，狎也"，"履，礼也"，"康，苛也"，"葵，揆也"。但是我们应该把偶然的现象和经常的做法区别开来。《释名》每条都用声训，与《尔雅》的性质是迥然不同的。下面试举出一些例子来看：

> 天，豫司兖冀以舌腹言之，天显也，在上高显也；青徐以舌头言之，天坦也，坦然高而远也。① （《释天》）
>
> 景，竟也，所照处有竟限也。（《释天》）

---

① 舌腹，指舌根音，大约指"天"字读[x-]，近似今广东台山读"天"[hin]。舌头，则读[t-]，与今普通话近似。

风,兖豫司冀横口合唇言之,风,氾也,其气博氾而动物也;青徐言风,踧口开唇推气言之,风,放也,气放散也①。(《释天》)

楚,辛也②。其地蛮多,而人性急,数有战争,相争相害,辛楚之祸也。(《释州国》)

肌,懻(jì)也,肤幕坚懻也③。(《释形体》)

眼,限也。童子限限而出也。(《释形体》)

卧,化也,精气变化,不与觉时同也。(《释姿容》)

达,彻也。(《释言语》)

出,推也,推而前也。(《释言语》)

私,恤也,所恤念也。(《释言语》)

鲍鱼,鲍,腐也,埋藏淹使腐臭也。(《释饮食》)

缣,兼也,其丝细致,数兼于绢,染兼五色,细致不漏水也。(《释采帛》)

锦,金也,作之用功重,其价如金,故其制字从帛与金也。(《释采帛》)

绡头,绡,钞也,钞发使上从也。或谓之陌头,言其从后横陌而前也。齐人谓之幧,言敛发使上从也。(《释首饰》)

幅,所以自偪束。今谓之行滕,言以裹脚,可以跳腾轻便也。(《释衣服》)

剑,检也,所以防检非常也;又敛也,以其在身拱时敛在臂内也。(《释兵》)

痔,食也,虫食之也。(《释疾病》)

---

① 合唇,指收音于[-m]。开唇,指收音于[-ŋ]。
② 毕沅说,"辛"下当有"楚"字;王先谦说,吴校本作"楚,楚也"。
③ 《玉篇》:"北方名坚曰懻。"

　　刘熙的声训,跟前人一样,是唯心主义的。他随心所欲地随便抓一个同音字(或音近的字)来解释,仿佛词的真诠是以人的意志为转移似的。方言的读音不同,声训也跟着改变(如"天、风");方言的词汇不同,声训更必须跟着改变(如"绡头、幅")。同一个词可以有两个以上的语源(如"剑")。他的声训甚至达到了荒唐的程度(如"痔")。

　　《释名》在声训上虽然有很大的缺点和错误,但是在中国语文学上仍然有它的参考价值:第一,有许多训诂(不是声训),如山顶曰"冢",山旁曰"陂",山脊曰"冈",山小而高曰"岑",广平曰"原",高平曰"陆"等,都可以和《尔雅》《说文解字》互相参证;特别是书中叙述了不少有关名物、典章制度、风俗习惯的知识,在中国文化史上有很大的价值。第二,即使在应用声训的时候,仍然反映了词的较古的意义。如"景"下注云"所照处有竟限",可见"景"的本义是日光。"眼"下注云"童子限限而出",可见"眼"的本义是眼珠(意义范围较"目"为小)。"卧"下注云"精气变化,不与觉时同",可见"卧"的本义是睡觉(伏在几上睡)。"鲍"下注云"埋藏淹使腐臭",可见"鲍"的本义是腌鱼(咸鱼)。"幅"下注云"所以自偪束",可见"幅"的本义是绑腿带子。有时候不是较古意义,而是新兴意义。这在声训上更加无理,但在词汇发展史上却值得珍视。例如"楚"下注云"辛也",从而以辛楚释楚国。按:辛楚的"楚"本作"齭",《说文解字》:"齭,齿伤酢(醋)也。""齭"又写作"齼",原先只是牙齿感到酸味的意义,引申为辛酸苦楚则是更后的事①。第三,声训既然用同音字或音近的字,则往往不但双声,而且叠韵,我们借此可以证明古音的系统。《释名》以前,《白虎通义》以迁方训西方,《尚书大传》以鲜方训西方,可见"西"字在上古收音于

----

① 陆机《于承明作与弟士龙》:"俯仰悲林薄,慷慨含辛楚。"陆机的时代在刘熙之后。

[-n]。《说文解字》以"燬"训"火",可见"火"字上古属微部。以准训水、以推训春,可见古韵文微对转。如此等等。在《释名》里,例子更多了。例如以"汜"训"风",可见"风"字在上古收音于[-m],在汉代方言里还有余迹。以"懻"训"肌",可见从"冀"得声的字应属脂部(段玉裁归第一部是错了)。以"彻"训"达",可见"彻、达"古音同部(王念孙错了,江有诰是对的)。以"推"训"出",可见微物两部平入相转。以"恤"训"私",可见脂质两部平入相转。以"腐"训"鲍"、以"偪"训"幅",可见古无轻唇音。我们应该从这三方面利用《释名》的材料,而不应该把它看成毫无用处的书。

　　声训作为一个学术体系,是必须批判的,因为声音和意义的自然联系事实上是不存在的。马克思说:"任何事物的名称,跟事物的性质是没有任何共同之点的。"[①]因此,凡企图寻找事物名称和事物性质之间的关系的人,都不可避免地陷入了唯心主义的泥坑。但是,声训的具体内容则不能完全加以否定。事物得名之始,固然是任意的;但到了一个词演变为几个词的时候,就不再是任意的,而是在语音上发生关系的了。《释名·释亲属》说:"父之弟曰仲父,仲,中也,位在中也。仲父之弟曰叔父,叔,少也。"(《白虎通义·姓名》略同)《释长幼》:"三十曰壮,言丁壮也。"《释言语》:"智,知也。"又:"勒,刻也。""纪,记也。"《释天》:"异者(指灾异),异于常也。"《释州国》:"司州,司隶校尉所主也。"《释宫室》:"观(指台观),观也,于上观望也。"《释衣服》:"被,被也,所以被覆人也。"在这些地方刘熙接触到了唯物主义的语源学。其他如《释言语》"威,畏也"之类,也大有参考的价值,我们还不知先有"威"还是先有"畏",但

---

① 　马克思《资本论》107 页,1953 年莫斯科版。郭大力、王亚南译为:"物的名称,对于物的性质,完全是外在的。"见人民出版社 1953 年,89 页。

"威、畏"的意义关系与语音关系决不是偶然的。这就牵涉到词族的问题,值得我们进一步研究。

声训对中国后代的语言学既有不良的影响,也有良好的影响。不良影响的结果成为右文说。这是认为谐声偏旁兼有意义,而上文所举"缣,兼也""锦,金也"等例已开其端①。良好影响的结果成为王念孙学派的"就古音以求古义,引伸触类,不限形体"②。唯物主义的语源学和唯心主义的真诠学之间的界限是不容易区别清楚的③。上古声训里的糟粕多,精华少;王念孙学派因声求义,则是精华多,糟粕少。下文讲完王念孙学派以后,回头再来看汉代的声训,我们将发现清代中国语言学的进步是非常显著的。

本章的结语

在中国语言学史上,训诂学最先出现,这是合乎发展规律的。汉语的特点决定了这样一个发展道路。印度在纪元前 2 世纪或 3 世纪产生了一部梵语语法(巴倪尼语法)。中国上古时代不需要这样一部语法,因为汉语是分析语,很少形态变化。在梵语语法中,语音是语法的组成部分,所以语音学在古印度也很发达。中国则由于汉字不是拼音文字,语音学的产生也要晚一些。只有训诂学是最能适应社会需要的,所以训诂学首先产生了。

---

① 跟声训一样,右文说也不能全盘否定。下文还要讨论。

② 语见王念孙《广雅疏证》自序。

③ 在西洋,直到现代,还有很可笑的"语源学"。参看叶斯柏森的《语言论》306 页,1954 年伦敦。在中国,直到段玉裁和朱骏声,有时候也还接受声训的坏影响。例如段玉裁在解说"蘛"(藕)字时说:"凡花实之茎必偕叶一茎同出,似有耦然。"这是主观地以耦训蘛。又如朱骏声于解说"坦"字的声训时,引了《释名》:"垣,援也,人所依阻以为援卫也。"然后加按语说:"何不云上下必攀援也?"这是以主观攻主观,以五十步笑百步。

　　训诂学之所以到汉代才产生，跟汉族的文化发展是有密切关系的。在先秦社会里，人们得书甚难；由于简策的笨重，从前传下来的书很少。《诗》《书》之类，其中大部分的著作时代还不算远（战国时代距离西周也不过四五百年），一般人还看得懂，所以不需要训诂。到了汉代，文字简化了（有了隶书），开始有了纸，简策也多了许多，距离《诗》《书》《易》《礼》《春秋》的时代已经够远了，社会上就要求小学把训诂传授给人们，《尔雅》正是适应这种需要而产生的。当然，国家崇尚经学，也是训诂学产生的原因之一。

　　方言学的兴起，与国家的长期统一有关。国家越是统一，方言的复杂越是引起人们的注意。但是，方言学在上古时代不是主流，中古以后更处于次要的地位。这是因为汉字不是拼音文字，方言读音的差异不影响书面语言的了解；方言词汇除了进入共同语的以外，一般不在书面语言出现，所以人们对方言词汇不大感兴趣。

　　字书的出现，是这个时期的高峰。为什么直到东汉中叶才达到这个高峰呢？一则因为学术的发展需要有一个过程；二则因为隶书久已普遍流行，字形起了很大的变化，有些字看不出本来的形态，从而看不出本义来了；三则因为时代越远，古义越晦，单靠故训汇编已经不能解决问题了。即使没有许慎，字书也会产生的；但是，把字书写成像《说文解字》这样一部高质量的书，则是许慎的功绩。

　　声训也是时代的反映。不谋而合，古希腊哲学家们也正是争论事物之得名是由于本质还是由于规定（即约定俗成）。我们可以说，荀子是规定论者，声训家是本质论者。正如在希腊的争论中本质论者占了上风一样，声训曾经占了上风。但是声训的遗害不是很大的，而由于声训的提出，让人们考虑一下语音和语义的关系问题，也不是没有一点积极作用的。

第二章　韵书为主的时期

第一节　反切的兴起及其广泛应用

反切是古代的一种拼音方法,如"行,下孟反""乐,五教反"之类。这种方法是:取上字之声母,下字之韵母,声母与韵母合在一起,拼出被切字的读音。汉字不是拼音文字,古代没有拼音字母,反切上下字就当拼音字母来用,比直音的方法大大前进了一步。

所谓直音,就是以同音字注音,如"乐,音洛""说,音悦"。《说文》所谓"读若",一般说来也就是直音。直音的局限性很大,例如"下孟反"的"行"、"五教反"的"乐",就不宜于用直音法。依照《广韵》,与"行"同音的只有"绗、胻"二字,与"乐"同音的只有"硞、魏"二字。僻字注音,等于不注;何况某些僻字还是上古时代所没有的。由此看来,以反切代替直音,确是一大进步。

《颜氏家训·音辞篇》说:"孙叔然创《尔雅音义》,是汉末人独知反语;至于魏世,此事大行。"陆德明《经典释文·叙录·条例》说:"古人音书,止为譬况之说,孙炎始为反语。"章炳麟《国故论衡·音理论》说:"造反语者,非始孙叔然也。"又说:"又寻《汉书·地理志》广汉郡梓潼下应劭注:'潼水所出,南入垫江。垫音徒浃反。'辽东郡沓氏下,应劭

注：'沓，水也，音长答反。'是应劭时已有反语，则起于汉末也。"景审序慧琳《一切经音义》说："古来音反，多以旁纽为双声，始自服虔。"服虔和应劭可说是同时代的人，都是在汉末。孙炎虽然是三国时人，恐怕也是汉末出生的人，他受业于郑玄的门人，当然比应劭要晚一些，但是至多也不过晚三四十年。可见颜之推所说的"汉末人独知反语"的话是可靠的，但是不要归功于孙炎一个人，而应该是时代造成的。

有人把反切产生的时期推得很早。在孙星衍所辑的《仓颉篇》中，玄应《一切经音义》所引《三仓》或《仓颉》颇多，司马贞《史记索隐》也有引《三仓》的地方，例如《史记·酷吏列传》"恶少年投缿，购告言奸"，《史记索隐》："缿，《三仓》音胡江反。"《三仓》有两种解释：第一种是指《仓颉》《爰历》《博学》；第二种是指李斯的《仓颉》、扬雄的《训纂》、贾鲂的《滂喜》。贾鲂是汉和帝时人，看来，汉和帝时也许已经有了反语。但是，我们没有看见原书，只见间接称引，还是不能作为定论[1]。魏张揖还有《三苍训诂》一书，如果"《三苍》(《三仓》)"指的是此书，那么时代就更晚了[2]。

《颜氏家训·音辞篇》说："郑玄注六经，高诱解《吕览》《淮南》，许慎造《说文》，刘熹(熙)制《释名》，始有譬况假借，以证音字耳。而古语与今殊别，其间轻重清浊，犹未可晓。加以'内言、外言、急言、徐言、读若'之类，益使人疑。"这话说得很对。假如当时反切方法已经盛行，大家乐于采用，就不至于再用"内言、外言、急言、徐言、读若"之类的笨拙读法了。所以汉末人独知反语的论断是可靠的。

关于反切的起源，从前有一种错误的说法，以为古人以"何不"为

---

[1]　马国翰《玉函山房辑佚书》说："(卫宏古文官书)每字下反切甚详，则东汉初已有切字，郑氏经音所本。世谓始于孙炎，非笃论也。"按：这种书的反切是否后人所加，已不可考。辑佚书只能作为次要参考材料，不能据为定论。

[2]　王国维跋马国翰辑杜林《仓颉训诂》说："所引《仓颉训诂》皆张稚让书，非杜伯山书。"

"盍"、"如是"为"尔"、"之乎"为"诸"之类就是切语①。这种二合音，原来是实际语言里无意识的运用，并非像后来那样当作一种正式的注音方法②。何况反切方法并非简单地把二字合成一音，必须把反切上字的韵母去掉，下字的声母去掉，才能得到所切的读音来。单凭自然产生的二合音，并不能发展为反切。

郑樵《通志·艺文略》说："切韵之学起自西域③。旧所传十四字贯一切音，文省而音博，谓之婆罗门书。然犹未也，其后又得三十六字母，而音韵之道始备。"陈振孙《直斋书录解题》说："反切之学自西域入中国，至齐梁间盛行，然后声病之说详焉。"姚鼐《惜抱轩笔记》说："孙炎所以悟切音之法，原本婆罗门之字母。"纪昀《与余存吾书》说戴东原《声韵考》："……于等韵之学以孙炎反切为鼻祖而排斥神珙反纽为元和以后之说，……然《隋书·经籍志》明载梵书以十四字贯一切音，汉明帝时与佛经同入中国……安得以等韵之学扫诸神珙，反谓为孙炎之末派旁枝哉？"以上所述各家的言论，说明了反切的产生是受了梵文字母的影响。这种说法是完全有根据的。这说明了反切之学不产生在汉明帝之前，而产生在汉明帝之后。其所以产生在汉末，因为要经过一段摸索的过程。以汉字充当拼音字母，这正显示了我国古代学者的巨大创造。

陈澧反对反切受外来影响的说法，主要理由有两点：第一，陈氏以为"何不"为"盍"、"不可"为"叵"、"如是"为"尔"、"之乎"为"诸"、"者焉"为"旃"等反切之语，"皆出于周秦时"；第二，陈氏说"溯等韵之源，以为出于梵书可也，至谓反切为等韵则不可也"④。关于第一点，

---

① 参看胡以鲁《国语学草创》第一编。
② 参看王力《汉语音韵学》第一编第十四节。
③ 这里所谓切韵，就是反切。
④ 参看陈澧《切韵考》卷六。

理由不能成立,前面已经说过了。关于第二点,反切虽不等于等韵,但是等韵是为反切服务的,可以说没有反切就没有等韵,反切是巨大的创造,等韵只是把反切系统化罢了①。总之,反切的产生是中国语言学史上值得大书特书的一件大事。汉族人民善于吸收外来文化并结合汉语特点来为中国文化服务,这实际上表现了汉族人民的智慧。

＊　　　　　＊　　　　　＊

孙炎的《尔雅音义》已经亡佚②,陆德明《经典释文》引用了数十条,今依陈澧《切韵考》卷六所引,加以系统化,转录如下③:

见母:枕,古黄反。绚,九遇反。

　　　著,居筠反。攓,居郡反。蠚,居卫反。

溪母:溪,苦穴反。薭,苦圭反。

　　　骈,犬县反。蓸,去贫反。

疑母:顝,五果反。迁,吾补反。

　　　寓,五胡反,又鱼句反。

　　　凝,牛丞反。

端母:䖑,都耗反。

透母:妥,他果反。耊,他结反。

　　　葵,他忽反。

定母:胎,大才反。遝,徒答反。

　　　薕,徒南反。

彻母:鶨,勑乱反。

---

① 莫友芝《韵学源流》说:"音韵之道有三:曰古韵,曰今韵,曰反切。"他把等韵归到反切部分去讲,是有道理的。关于等韵为反切服务,参看下文。

② 今本《尔雅》(《四部丛刊》本)后附《尔雅音释》不是孙炎所作。

③ 刘盼遂《文字音韵学论丛·反切不始于孙叔然辨》说,《经典释文》所引孙氏《尔雅音》共六十五条,陈澧只引了五十二条。

澄母:著,直略反。朾,丈耕反。

帮(非)母:畈,方满反。蟹,甫尾反。

滂(敷)母:粄,敷是反。繴,芳麦反。

並(奉)母:圮,房美反。辨,蒲苋反。

　　　　　　黂,符粉反。

明(微)母:儚,亡崩反,又亡冰反。

精母:挈,子由反。臧,子郎反。

　　　蒩,子逸反。

清母:宷,七代反。礉,七各反,又七路反。

从母:沮,慈吕反(又辞与反)。

　　　巢,徂交反(又仕交、庄交二反)。

邪母:沮,辞与反。

照二:巢,庄交反。

床二:巢,仕交反。

照三:底,之视反。

穿三:杼,昌汝反。

影母:陰,於于反。葰,於为反。

晓母:汔,虚乞反。䫳,虚贵反。

　　　呬,许器反。灛,许废反。

匣母:很,户垦反。狢,户各反。

喻母:台,羊而反。

来母:萎,力朱反。

日母:儴,如羊反。萎,人垂反。

　　　犉,汝均反。

我们从这里可以看到:孙炎反切所用的上下字并不是统一的。以反切上字而论,见母共用"古、九、居"三字,溪母共用"苦、犬、去"三字,疑母共用"五、鱼、牛"三字,定母共用"大、徒"二字,澄母共用"直、丈"二字,帮(非)母共用"方、甫"二字,滂(敷)母共用"芳、敷"二字,並(奉)母共用"蒲、房、符"三字,从母共用"徂、慈"二字,晓母共用"虚、许"二字,日母共用"如、人、汝"三字。即使见系、影系与帮系区别三等与非三等,"九"与"居"、"苦"与"犬"、"鱼"与"牛"、"方"与"甫"、"芳"与"敷"、"房"与"符"仍旧是重复的。以反切下字而论,"为"与"垂"、"吕"与"汝"、"遇"与"句"、"冰"与"冰",也都同韵同呼同等,也是重复。"筠"与"贫"也可能是重复。

　　章炳麟《国故论衡·音理论》说:"或以字母未出,儒者所传切语,以上字为双声标识,其文有定,亦若晚世三十六字。"①又以为:"叔然承袭旧文,体语已有数家,故反语上字无定。"又说:"周颙整而一之,惜其不传也。"这个意思是说:古人作反切有固定的反切上字,不过各家体系不同,孙炎兼采各家,未能统一,周颙统一了,可惜没有流传下来。这种说法有部分的真理,如果只由一家来造反切上字,的确可以更有系统;但是也不能使每一个声母只用一个反切上字。例如采用了"居"字为反切上字,"居"字本身就不能再以"居"字为切。反切下字也是同一的道理。

　　反切上下字尽管不统一,但是有些常用的上下字是各家一致的,上字如"古、居、苦、去、五、鱼、牛"等等,下字如"胡、郎、耕、略"等等。像"古黄、九遇、居筠、居卫、苦穴、苦圭、五果、他果、他结、直略、蒲芃、慈吕、力朱、人垂"诸切,都是《切韵》继承下来的。

　　颜之推说"至于魏世,此事大行",事实确是这样。颜师古注《汉书》引孟康、如淳、苏林,都有反音(孟、如、苏都是三国时魏人)。到了

---

① 章炳麟以为这是陈澧的意思,其实陈氏没有说每一个声母只限用一个反切上字。

晋代,有徐邈、李轨等,南北朝有沈重等,都是注音的专家(徐邈、李轨都有《周易音》《古文尚书音》《毛诗音》,沈重有《毛诗音义》)。可惜徐、李、沈等人的书都亡佚了,只见于陆德明《经典释文》所引。《经典释文》有相当完备的反切。此外,在唐代还有曹宪的《博雅音》(即为《广雅》注音)、玄应的《一切经音义》、慧琳的《一切经音义》等,其中都有反切。徐锴《说文解字系传》用的是朱翱的反切,徐铉本《说文解字》用的是孙愐的反切。大约从魏世以后,反切方法已经为一部分知识分子所掌握。当然,要彻底了解也还有一定的困难,所以有等韵学的产生。

反切方法从一开始就是相当完善的。不统一是一个缺点,但也只能做到相对的统一。后代对反切也作了一些改进,大致表现在两方面:第一,是避免类隔;第二,是尽可能使二字连读即成一音。第一种改进方法实际上不算改进,只是语音有了发展,旧反切不适用了。例如应劭《汉书》注"沓,长答反"依后代语音应改为"徒答切",孙炎《尔雅音》"鷄,勑乱反"依后代语音应改为"他乱反",否则成为类隔。实际上,在汉代语音系统中,知系与端系不分,那就无所谓类隔了。第二种改进方法其实是变更反切的性质。陈澧说的对[1]:

> 切语之法,非连读二字成一音也。(如"同,徒红切""蛩,渠容切",连读而成音者,偶然相合耳。)连读二字成一音,诚为直捷,然上字必用支鱼歌麻诸韵字,下字必用喉音字。支鱼歌麻韵无收音,而喉音直出,其上不收,其下直接,故可相连而成一音,否则中有窒碍,不能相连矣。然必拘此法,或所当用者有音无字,或虽有字而隐僻难识,此亦必穷之术也。而吕新吾《交泰韵》、潘稼堂《类音》必欲为之,于是以"堅翁"切"终"字,以"竹碻"切"中"字。

[1] 陈澧《切韵考》卷六。

夫字有不识,乃为切语! 以"终、中"易识之字,而用"䏿、硝"难识
之字为切,不亦慎乎! 孰若古人但取双声叠韵之为坦途哉!

由此看来,可以说,利用双声叠韵的原理来作反切,乃是由汉末到
注音字母以前的一种拼音方法,中间没有什么原则性的变更。

＊　　　　　＊　　　　　＊

上文说过,反切之学,齐梁间即已盛行;但是,现存的完整的书带
有反切者,当首推陆德明的《经典释文》和陆法言的《切韵》。《经典释
文》虽题为唐陆德明撰,但是成书当在陈代,比《切韵》还早一些[①]。
《经典释文》以注音为主,兼及释文和校勘。陆德明本着述而不作的精
神,对古人的反切兼收并蓄。有时候,他把各家的反切排在一起,不置
可否。各家的反切,有些只是所用反切上下字不同,而切出的音是一
样的;有些则不但反切用字不同,连所切出的实际读音也不同。这种
分歧,有些是古今的不同,有些是方言的不同,有些则是师承的不同。
我们如果希望在《经典释文》中清理出一时一地的实际语音系统,那是
很困难的;但是如果结合其他材料来研究南北朝或较古的语音,《经典
释文》还不失为重要参考文献。陆法言的《切韵》跟《经典释文》的作
法不一样:《切韵》于每一个音只有一个反切,而且每一个字都有反切,
这样就可以整理出一个完整的语音系统来[②]。

梁顾野王《玉篇》的反切也很有参考的价值。现存的《大广益会
玉篇》所用的反切已经不是顾野王原来的反切,可能是经过萧恺或孙
强所改作的。但萧恺是顾野王同时代的人,孙强则是唐初的人,增加
字在上元元年(674),离《切韵》成书时代(601)也不很远。至于《古逸
丛书》所收的《玉篇》残卷,应当是顾野王原著,其中的反切就更有参

---

①　参看林焘《陆德明的〈经典释文〉》,《中国语文》132—136 页,1962 年 3 月号。

②　但是这个系统也不可能是一时一地的实际语音,参看下节。

考价值了。

贞观时代的玄应、开元时代的慧琳，都著有《一切经音义》，其中都有一套反切。

南唐徐锴的《说文解字系传》采用了朱翱的反切，这一套反切不但用字与《切韵》不同，连实际读音也不无差别，值得仔细研究。

释行均《龙龛手鉴》成于统和十五年丁酉（997），那时是北宋初期。书中也有另一套反切。以上所述这些书的反切，如果拿来做一个比较研究，一定会有收获。

第二节　韵　书（上）

陈澧《切韵考》卷六说："盖有反语，则类聚之即成韵书，此自然之势也。"这只能说明反切是韵书的基础，还不能说明韵书产生的原因。韵书产生的原因是为了适应诗赋的需要。莫友芝《韵学源流》说："今韵者，隋唐以来历代诗家承用之谱也。"[1]莫氏的话可以说明韵书的性质。

一般人以为最早的韵书是三国魏代李登的《声类》和晋代吕静的《韵集》。可惜这两部书都已经亡佚。清代陈鳣从群书中所摘出，辑成今本《声类》和《韵集》，那是偏重于字义，极少涉及反切；至于全书体例，更是无从窥见。封演《闻见记》说："魏时有李登者，撰《声类》十卷，凡一万一千五百二十字，以五声命字。"《魏书·江式传》："晋世义阳王典祠令任城吕忱，表上《字林》六卷。……忱弟静别放（仿）故左校令李登《声类》之法，作《韵集》五卷，宫商龣徵羽各为一篇。"可见二书体例是一致的，问题在于"以五声命字"的真正意义是什么。有人猜

---

① 莫友芝《韵学源流》10 页，罗常培校点本。

想是四声或平仄的分别(如陈澧),但是莫友芝说:"今按古人用韵,未有四声之限。登、静书俱不传,无从知其部例,然其时犹未闻有四声之说。"①这话说得很有道理。可能"以五声命字"是把韵部分为五类。古人喜欢以五声配合声韵(如宋人以五音配牙舌唇齿喉),我们可以不必深究。

按四声分韵的韵书大约是始于沈约的《四声谱》。《梁书·沈约传》说:"约又撰《四声谱》,以为在昔词人累千载而不寤,而独得胸衿,穷其妙旨,自谓入神之作。"《隋书·经籍志》载有《四声》一卷,梁太子少傅沈约撰,今已亡佚。从此以后,声调成为韵的组成部分,不同声调的字不能同属一个韵部。

在此之前,也许古人还不能自觉地辨别四声,但是我们也不能说古人完全没有意识到声调的区别。试看上节所举孙炎《尔雅音》反切下字必与其所切的字同一声调,那绝不是偶然的。至于有人说沈约"发明"四声,那更是荒谬了。

除沈约的《四声》外,《隋书·经籍志》还记载了十一种韵书,即:(1)周研《声韵》;(2)张谅《四声韵林》;(3)段宏《韵集》;(4)无名氏《群玉韵典》;(5)阳休之《韵略》;(6)李概《修续音韵决疑》;(7)李概《音谱》;(8)无名氏《纂韵钞》;(9)刘善经《四声指归》;(10)夏侯咏《四声韵略》;(11)释静洪《韵英》。陆法言《切韵序》也记载了六部韵书,即:(1)吕静《韵集》;(2)夏侯该《韵略》;(3)阳休之《韵略》;(4)周思言《音韵》;(5)李季节《音谱》;(6)杜台卿《韵略》。夏侯该应是夏侯咏之误,李季节也就是李概。上述这些书也都亡佚了。

隋代陆法言《切韵》是韵书中影响最大的一部。《切韵》虽已亡佚,但是《广韵》前面还保存着陆法言的一篇《切韵序》,国内外也还保

---

① 莫友芝《韵学源流》10页,罗常培校点本。

存着一些《切韵》残卷①。唐代的《唐韵》、宋代的《广韵》都是直接和间接以《切韵》为基础的。郑樵《通志·艺文略》载孙愐著《唐韵》五卷。孙书亦已亡佚，现存的有清末蒋斧所藏的《唐韵》残卷。《广韵》全名是《大宋重修广韵》，陈彭年等奉敕撰，这是目前保存下来的最早的完整的韵书。

《切韵》的韵部，基本上与《广韵》的韵部相同。依照故宫所藏王仁昫《刊谬补缺切韵》残本看来，《切韵》共有一百九十五个韵。跟《广韵》的二百零六韵比较，只是并谆于真，并准于轸，并稕于震，并术于质，并桓于寒，并缓于旱，并换于翰，并曷于末，并戈于歌，并果于哿，并过于箇。这只是把合口呼和开口呼合并，完全不影响到语音系统②。据王国维考证，现行的《广韵》二百零六韵是依照李舟《切韵》的韵部。对于这些问题，在语言学史上无关重要。我们试看《广韵》的反切，也基本上与《切韵》一致，那末，我们就可以把《广韵》的语音系统看成是《切韵》的语音系统。

上文说过，韵书是为了适应诗赋的需要而作。但是，《切韵》实际上已经超过了这种需要的范围，而进入了语言学的领域。陆法言在《切韵序》里说：

> 昔开皇初，有仪同刘臻等八人同诣法言门宿，夜永酒阑，论及音韵。以（古）今声调既自有别，诸家取舍亦复不同。吴楚则时伤轻浅，燕赵则多伤重浊，秦陇则去声为入，梁益则平声似去。又支脂、鱼虞，共为一韵；先仙、尤侯，俱论是切。欲广文路，自可清浊皆通，若赏知音，即须轻重有异。

① 例如王仁昫《刊谬补缺切韵》、英国伦敦博物院所藏《切韵》残卷三种、法国巴黎国家图书馆所藏王仁昫《刊谬补缺切韵》等。
② 如果根据法国巴黎图书馆所藏王仁昫《刊谬补缺切韵》和《切韵》残卷，只有一百九十三个韵。这是因为俨、酽两韵字少，所以不另立。这都没有影响到语音系统。

这一段话共有两层意思:第一,当时各地方言多有误读,必须加以规范;第二,如果为了适应诗赋的需要,定韵还可以从宽,如果为了语音分析,就必须从严。所以他在《序》里还说:"辨析毫厘,分别黍累。"陆法言及其同道八人,正是以音韵专家的资格来编写这一部韵书的。

关于《切韵》的性质,历来就有三种不同的意见:第一派以戴震为代表,他以为二百零六韵太多,其中有些是陆法言等人主观地硬分出来的。他说①:

> 仆因究韵之呼等:一东内一等字与二冬无别,六脂内三等字与八微无别……其余呼等同者,音必无别。盖定韵时有意求其密,用意太过,强生轻重。其读一东内一等字必稍重,读二冬内字必稍轻,观"东,德红切""冬,都宗切",洪细自见。然人之语言音声,或此方读其字洪大,彼方读其字微细;或共一方,而此人读之洪大,易一人读之又微细;或一人语言,此时言之洪大,移时而言之微细。强生轻重,定为音切,不足凭也。

第二派以陈澧为代表,他以为二百零六韵是适合实际情况的。他说②:

> 陆氏分二百六韵,每韵又有分二类、三类、四类者,非好为繁密也,当时之音实有分别也。

第三派以章炳麟为代表,他以为《广韵》兼有古音成分和方音成分。他说③:

> 《广韵》所包,兼有古今方国之音,非并时同地得有声势二百六种也。昧其因革,操绳削以求之,由是侏离,不可调达矣。

---

① 戴震《声类表》卷首。
② 陈澧《切韵考》卷六。
③ 章炳麟《章氏丛书·国故论衡(上)》18页。

我的意见是:《切韵》的语音系统是以一个方言的语音系统为基础（可能是洛阳话），同时照顾古音系统的混合物。陆法言等人并没有进行实地的方言调查，他们谈及方音时，只凭笼统的印象；但是，他们照顾了古音系统，自然也就照顾了方音，因为方音正是从古音发展来的。陆法言等人之所以能够照顾古音系统，也并非由于他们能像清儒那样进行过古音研究，只是他们谨守古人的反切，而这些反切也正反映了古音系统。我们千万不要轻视谨守古人反切这一点，这正是陆法言等人引以自豪的地方。如果他们明确地知道古人能分别的，而他们所据以为基础的方言不能分别，他们就宁可依照古音系统，违反当时最有势力的方言（如洛阳话）。

《切韵序》说"萧颜多所决定"，可见萧该和颜之推对《切韵》的语音系统是起决定作用的。现存关于萧该的材料很少，但关于颜之推的材料则颇多。从《颜氏家训·音辞篇》来看，就可以知道他是一个复古主义者。他说：

> 北人之音多以"举、莒"为"矩"，唯李季节云："齐桓公与管仲于台上谋伐莒，东郭牙望桓公口开而不闭，故知所言者莒也。然则，莒、矩必不同呼。"此为知音矣。

以古音为是非的标准，这是不合理的，也是行不通的。但是，正因为《切韵》这样做，倒反能在很大程度上反映较古时代的语音情况，如文脂、鱼虞的分别就是这样。其实陈澧也正是这个意见。他说[1]：

> 李涪《刊误》云：法言平声以"东、农"非韵，以"东、崇"为切；上声以"董、勇"非韵，以"董、动"为切；去声以"送、种"非韵，以"送、众"为切；入声以"屋、烛"非韵，以"屋、宿"为切。何须"东、冬、中、终"，妄别

---

[1] 陈澧《切韵考》卷六。

声律？戴东原《答段若膺论韵》书云："洎去法言非远，已读'东、冬'如一，'中、终'如一，讥其妄别矣。……"澧谓李氏、戴氏皆未详考古书而辄诋陆氏为妄。……顾野王切语分别甚明，不独陆氏为然也。唐以后声音渐变，不能分别，故李涪妄讥之。

陈澧的缺点在于一口咬定隋代语音还能分别二百零六韵，其实只要承认上古能分（但不一定能分为二百零六），也就够了。

总之，《切韵》的语音系统决不是向壁虚造的，而是有事实根据的。语音本身富于系统性，由于《切韵》有事实根据，所以也很富于系统性。现在只举入声与非入声的对应规律来说明问题。

（一）入声配阳声，这是《切韵》的系统。入声的韵类等呼与阳声的韵类等呼基本上是一致的。东韵有一、三等，屋韵也有一、三等[①]；冬韵只有一等，沃韵也只有一等；钟韵只有三等，烛韵也只有三等；江韵只有二等，觉韵也只有二等。即以韵部中所包的声母而论，入声与阳声也是一致的。例如文吻问三韵只有喉牙唇音合口三等，入声物韵也只有喉牙唇音合口三等；元阮愿三韵只有喉牙音开合三等和唇音合口三等，而且喻母有合三而无开三，入声月韵也正是只有喉牙音开合三等和唇音合口三等，而且喻母有合三而无开三。这种情况决非偶然。

从谐声系统看，入声配阳声也有一定的道理，如"散"声有"撒"、"旦"声有"怛"、"束"声有"竦"[②]、"盾"声有"腯"（陀骨切）、"广"声有"扩"、"能"声有"䏡"（奴勒切）等。特别是收 -p 尾的入声字和收 -m 尾的字关系密切，如"音"声有"湆"（去急切）、"替"（七感切）声有"鹐"（音杂）、"嘈"（子答切），"奄"声有"腌"（於辄切），"占"声有"帖、怗"，"厌"声有"魇"、"念"声有"捻"（奴协切），"臽"（音陷）声有"掐"（苦

---

①　这里所谓三等，指真三等，包括同一反切下字的二、四等字在内。下同。
②　依小徐本《说文》及王筠《说文句读》。

洽切），“咸”声有“瘯”（去洽切），“执”声有“垫”、“乏”声有“泛”等。

（二）入声配阴声，这不是《切韵》的系统。但是，由于《切韵》的韵是从旧反切归纳出来的，必然在很大程度上反映上古入声配阴声的系统。现在只举一、二、四等韵来说。阴声一等模姥暮与入声一等铎韵相配，故“各”声有“路”，“莫”声有“暮”，“度”字有徒故、徒各二切，“恶”字有乌各、乌路二切，“作”字有则落、臧路二切。阴声一等灰贿队与入声一等没韵相配，故“卒”声有“碎”，“孛”声有“悖”。阴声一等咍海代与入声一等德韵相配，故“亥”声有“刻”，“代”声有“黇”（音特），“塞”字有苏则、先代二切。阴声一等泰韵与入声一等曷末相配①，如“曷”声有“愒”（苦盖切），“大”声有“达”，“奈”声有“捺”，“蔡”声有“擦”，“赖”声有“獭”，“最”声有“撮”，“兑”声有“脱”，等等。阴声一等豪韵与一等沃韵相配，故“告”声有“酷”，“暴”声有“曝”，“高”声有“熇”（火酷切），“冒”声有“瑁”（莫沃切），“告”字有古到、古沃二切。阴声一等侯厚候与入声屋的一等相配，故“薮”与“漱”同声符，“彀”与“榖”同声符，“族”声有“嗾”（苏奏切），“读”字有徒谷、田候二切。阴声二等佳蟹卦与入声二等麦韵相配，故“责”声有“债”，“画”字有胡卦、胡麦二切。阴声二等夬韵与入声二等辖韵相配，故“话”与“刮”同声符。阴声二等皆骇怪与入声二等黠韵相配，故“杀”声有“铩”（所拜切），“介”声有“扴”（古黠切），“八”声有“扒”（音拜），“杀”字有所八、所拜二切。阴声二等肴巧效与入声二等觉韵相配，故“卓”声有“罩”，“包”声有“雹”，“觉”声有“搅”，“貌”声有“邈”（莫角切），“觉”字有古岳、古孝二切。阴声四等齐荠霁与入声四等屑韵相配，故“切”声有“砌”，“癸”声有“闋”，“契”字有苦计、苦结二切，“戾”字有力计、练结二切。“闭”字有博计、方结二切。阴声四

---

① 依王仁昫《刊谬补缺切韵》，曷末应合为一韵。

等萧韵与入声四等锡韵相配,故"窍"与"激"同声符,"钓"与"的"同声符,"溺"字有奴历、奴吊二切。这种整齐的局面(特别值得注意的是等的配合),决不可能是向壁虚造的。

　　《切韵》(及其后身《广韵》)无疑地是中国语言学的宝贵遗产。过去许多人把它当做一时一地的语音实录来研究,那是不善于利用材料。陆法言在序里说明是"论南北是非,古今通塞",我们就应当把它看成是兼包古今方国之音、而特别以古音为准的书。所谓"南北是非",实际上是说合于古则是,不合于古则非;所谓"古今通塞",实际上是说合于古则通,不合于古则塞。当然颜之推也说过不能迷信古人①,但他指的是不能迷信个别的古人;至于以古音为准,仍然是古代士大夫的信条。这样,《切韵》所代表的语音系统比成书时代的语音系统更古,虽然不是一时一地之音,其所反映的语音情况仍有巨大的参考价值。我们可以拿它作为窥测上古语音的桥梁,清儒正是这样做了,而且取得了巨大的成绩。我们又可以拿它来做调查方音的出发点,近年来我们正是这样做的。这并不是说,中国现代所有的汉语方音都是从《切韵》音系演变而来的,更不是说都是从隋代的洛阳音或长安音发展来的,但是《切韵》音系仍然与较早地离开中原的某些方言有其对应的规律。我们又可以拿它作为出发点来研究外族的借词,例如在越南借词中,喻三与喻四不同声母,曾摄与梗摄不同韵母,正可与《切韵》互相印证。

　　当然我们还不能说《切韵》完全没有缺点。例如注"又读"的时候,没有经常照顾到跟互见的地方的反切统一起来,就是一个缺点。其次,既然"论南北是非,古今通塞",最好是随时明确地指出来。譬如说,以洛阳音为基础,就应该把洛阳人所不能辨别的读音注出。这样

———————————

①　颜之推《颜氏家训·音辞篇》:"今之学士,语亦不正,古独何人,必应随其讹僻乎!"

做,则参考的价值就更高,可惜陆法言、颜之推等人看不到这一点。

这种工作牵涉到对规范化工作的认识问题。民国初年曾经有过读音统一会,制定了注音字母,那种做法恰像陆法言等人的做法,把一些北京人所不能辨别的音也加了进去,以为做到了"论南北是非,古今通塞",结果是行不通。今天我们以北京语音为标准音,才真正把普通话推广开了。假如当时陆法言等人也知道以洛阳音为标准音来制定一部韵书,它将可以与后代的《中原音韵》媲美。

但是,《切韵》虽然没有达到规范化的目的,它所反映的较古时代的语音系统,从某种意义上说,却比如实地记录当时一地的语言更有价值。因为较古时代的语音系统与《诗经》音系更为接近,更有利于上推古音;同时,较古时代的语音系统更能全面地照顾各地的方言,更有利于下推今音。有人认为《切韵》音系是拼凑而成的,从而贬低它的价值,那是不对的。

第三节　韵　书(下)

在这一节里,我们将谈到六部韵书:一、《集韵》;二、《五音集韵》;三、《壬子新刊礼部韵略》;四、《古今韵会举要》;五、《中原音韵》;六、《洪武正韵》。这六部书各有特点:《集韵》偏于守旧;《五音集韵》趋于革新;《壬子新刊礼部韵略》完成韵部的合并;《古今韵会举要》寓革新于守旧之中;《中原音韵》全依北方口语;《洪武正韵》南北调和。由于《中原音韵》在语言学史上特别重要,所以本节的重点放在《中原音韵》上。

一、《集韵》

《集韵》是由《广韵》增订的一部书。王应麟《玉海》说:"真宗时,令陈彭年、丘雍因法言韵就为刊益。……太常博士直史馆宋祁、郑戬建言：'彭年、雍所定多用旧文，繁略失当。'因诏祁、戬与直讲贾昌朝、王洙同修定，知制诰丁度、李淑典领，令所撰集务从该广。凡字训悉本许慎《说文》；慎所不载则引他书为解。凡古文见经史诸书可辨识者取之，不然则否。字五万三千五百二十五，新增二万七千三百三十一字，分十卷。诏名曰《集韵》。"

由此看来，《集韵》之所以不同于《广韵》，主要是收字多，注解详。本来韵书也应该起字典的作用，只是检字法有所不同，字书按部首检字，韵书按韵目检字罢了。依现存的《集韵》①，它的韵目跟《广韵》的韵目有不一致的地方。平声肴韵改为爻韵，去声恩韵改为圂韵，入声物韵改为勿韵，怗韵改为帖韵②。此外还有许多古体字和异体字，如仙韵写作僊韵，豪韵写作豪韵，寝韵写作寑韵，敢韵写作𢿢韵，暮韵写作莫韵，昔韵写作舄韵，盍韵写作盇韵，等等。

在归字的问题上，《集韵》有混乱的地方，主要表现在真谆、轸准、震稕、吻隐、问焮、勿迄、魂痕、混很、圂恨、旱缓、翰换、歌戈、哿果诸韵开口呼与合口呼的分别上。例如谆准稕魂混缓换戈果诸韵，《广韵》只有合口呼，《集韵》兼有开口呼；隐焮迄恨诸韵，《广韵》只有开口呼，《集韵》兼有合口呼。这分明是杂乱无章的。从反切上看，反切下字应与其所切的字同韵，今本《集韵》经常违反了这个原则，例如"尽，在忍切"，"忍"在轸韵而"尽"在准韵；"运，王问切"，"问"在问韵而"运"在焮韵；"旦，得案切"，"案"在翰韵而"旦"在换韵。从语音系统上看，今本《集韵》又违反了四声相配的原则，例如"尽"是"秦"的上声，但是

---

① 据《四部备要》本。《四部备要》据棟亭五种本校刊。
② 今本《广韵》入声卷首韵目也写作帖韵，但卷内韵目写作怗韵。卷首想是照抄《集韵》的。

"秦"归真韵而"尽"归准韵;"运"是"云"的去声,但是"云"归文韵而"运"归焮韵;"旦"是"单"的去声,但是"单"归寒韵而"旦"归换韵。《集韵》的作者不至于胡涂到这个地步,想来必有错简。《通志·七音略》的韵图是根据《集韵》编成的(里面有些是《广韵》所未收而只见于《集韵》的),还没有这种错乱的情况。但是这种讹误的本子大概在南宋或稍后就存在了,所以《切韵指掌图》纯然依照误本的《集韵》①,在开口图内兼注合口韵,如第七图(山摄开口呼)上声旱缓并举,去声翰换并举;第九图(臻摄开口呼)平声真谆并举,上声轸准并举,去声震稕并举。又在合口图内兼注开口韵,如第十图(臻摄合口呼)上声吻隐并举,去声焮问并举,入声迄物并举。

　　《集韵》的反切用字,与《广韵》大不相同(虽然切出的音是一样的)。现在举平声部分韵目为例,以见一斑(二书相同的不举):

	《广韵》	《集韵》
东	德红切	都笼切
钟	职容切	诸容切
脂	旨夷切	蒸夷切
之	止而切	真而切
鱼	语居切	牛居切
虞	遇俱切	元俱切
模	莫胡切	蒙晡切
齐	徂奚切	前西切
佳	古膎切	居膎切
皆	古谐切	居谐切

---

① 《切韵指掌图》相传为司马光所作,其实是伪托。除各种证据外,现在又多一个证据:它所根据的是后代误本的《集韵》。

灰	呼恢切	呼回切
真	职邻切	之人切
谆	章伦切①	朱伦切
臻	侧诜切	锱诜切
魂	户昆切	胡昆切
痕	户恩切	胡恩切
寒	胡安切	河干切
删	所姦切	师姦切
山	所闲切	师闲切

从上面所举的例子可以看出：第一，《集韵》反切上字尽可能照顾声调，这里是以平声切平声②；第二，《集韵》反切上字尽可能照顾到开口呼和合口呼的分别③；第三，《广韵》反切上字一、二、四等为一类，三等自成一类，《集韵》则一、二、三等为一类④，四等自成一类⑤，所以"居膎"可以切"佳"，"居谐"可以切"皆"，而"徂奚"不可以切"齐"。这些可以说是反切方法的改进，至少在作者看来是这样。

《集韵》在中国语言学史的地位远不如《广韵》。

二、《五音集韵》

《五音集韵》是金代韩道昭所撰，书成于崇庆元年（1211）。此书最值得称道的一件事就是大胆地合并了《切韵》的韵部，具体的情况是：（1）并支之于脂，并纸止于旨，并寘志于至；（2）并佳于皆，并蟹于

---

① 《广韵》卷首注云"之纯切"。此依卷内"谆"字注。
② 有少数例外，如"江，古双切"，"戈，古禾切"，"耕，古茎切"。
③ 只有少数例外，如"痕，胡恩切"。
④ 如"改，己亥切"，"旰，居案切"，都是以三等字切一等字。
⑤ 只有青迥径锡四韵是例外，如"青，仓经切"。

骇,并卦夬于怪;(3)并臻于真,并栉于质;(4)并删于山,并潸于产,并裥于谏,并黠于锗;(5)并先于仙,并铣于狝,并霰于线,并屑于薛;(6)并萧于宵,并筱于小,并啸于笑;(7)并耕于庚,并耿于梗,并诤于映,并麦于陌;(8)并幽于尤,并黝于有,并幼于宥;(9)并谈于覃,并敢于感,并阚于勘,并盍于合;(10)并添于盐,并忝于琰,并㮇于艳,并怗于叶(葉);(11)并衔于咸,并槛于豏,并鉴于陷,并狎与洽;(12)并严于凡,并俨于范,并酽于梵,并业于乏。这样合并以后,总共只有一百六十个韵部。这并不是依照唐人的独用同用例,可见是以北方的口语为根据的,所以《五音集韵》的语音系统很值得我们仔细研究。

《五音集韵》每一个韵的字都是按照三十六字母排列的,始“见”终“日”,便于检查,这是韵书在技术上的改进。后来《韵会》和《音韵阐微》也都是按三十六字母排列的。

三、《壬子新刊礼部韵略》

《广韵》时代、《集韵》时代都有一部《礼部韵略》并行。叫做“韵略”,是因为收字少;《集韵》共收五万多字,而《韵略》只收九千多字。这种书是为应科举考试用的,科举属于礼部,所以叫做“礼部韵略”。现存的《礼部韵略》有郭守正重修本及毛晃父子增修本。

《礼部韵略》也是包括二百零六韵,跟《广韵》《集韵》相同。但是,既然注明独用同用例,因此就有人索性把同用的韵合并起来。据现在所得的材料来看,至少有三部这样的书:第一部是刘渊的《壬子新刊礼部韵略》,第二部是王文郁《新刊韵略》,第三部是张天锡草书《韵会》。其中只有刘渊的书留传最广,所以这里只讲他的《壬子新刊礼部韵略》。由于刘渊是平水人,所以这部书又叫“平水韵”。

“平水韵”把《集韵》的二百零六韵合并为一百零六韵。除与《五音集韵》相同的合并情况以外,还有:(1)并钟于冬,并用于宋,并烛于沃；(2)并模于虞，并姥于麌，并暮于遇；(3)并祭于霁；(4)并咍于灰，并海于贿，并代废于队；(5)并谆于真，并准于轸，并稕于震，并术于质；(6)并欣于文，并隐于吻，并焮于问，并迄于物；(7)并魂痕于元，并混很于阮，并恩恨于愿，并没于月；(8)并桓于寒，并缓于旱，并换于翰，并末于曷；(9)并戈于歌，并果于哿，并过于箇；(10)并唐于阳，并荡于养，并宕于漾，并铎于药；(11)并清于庚，并静于梗，并劲于映，并昔于陌；(12)并登于蒸，并等于拯，并证嶝于劲，并德于职；(13)并侯于尤，并厚于有，并候于宥；(14)并严于盐，并俨于琰，并酽于艳，并叶于业；(15)并凡于咸，并范于豏，并梵于陷，并乏于洽①。

这种合并，跟《广韵》的独用同用例不完全一致，因为《广韵》文欣吻隐问焮物迄都独用，严凡同用，俨范同用，酽梵同用，业乏同用②。但是，它跟《集韵》就一致了，因为《集韵》正是文欣通用，吻隐通用，问焮通用，勿迄通用，严与盐添通用，凡与咸衔通用，俨与琰忝通用，范与豏槛通用，酽与艳榛通用，梵与陷鉴通用，业与叶帖通用，乏与洽狎通用。只有一个例外，那就是"平水韵"把证嶝并入劲韵，而劲韵在《集韵》里还是独用的。王文郁的《新刊韵略》连上声的拯等也归入迥韵去了，所以只剩一百零六韵，这就是清代所谓《佩文诗韵》。

《礼部韵略》对后代文学语言的影响很大，诗人做诗押韵，实际上不是根据《切韵》的二百零六韵，而是根据"平水韵"的一百零六韵；在"平水韵"未出世以前，诗人们实际上也是依照独用同用例来做诗押韵。因此，今天我们可以依照"平水韵"去读唐诗。封演《闻见记》说：

　　隋陆法言与颜、魏诸公定南北音，撰为《切韵》，凡一万二千一

① 只有严凡，俨范、酽梵、业乏的归并情况有所不同。见下文。
② 今本《广韵》文欣同用、吻隐同用、俨与琰忝同用，范与豏槛同用，酽与艳榛同用，梵与陷鉴同用，是因《集韵》而误。当依戴震《考定广韵独用同用四声表》校正。

> 百五十八字,以为文楷式,而先仙、删山之类分为别韵,属文之士
> 共苦其苛细。国初许敬宗等详议,以其韵窄,奏合而用之。

可见独用同用例起于唐初。不过有一点应该注意:同用并不完全
由于韵窄。支脂之诸韵是够宽的了,但是同用;江肴诸韵是够窄的了,
仍然独用,可见独用同用是有语言事实作为根据的,大约是实际口语
已经不能分别了。独用同用也有时代性,如严凡的合并,《集韵》与
《广韵》不同,可以看出是时代的关系:《广韵》所根据的是唐代的旧
法,而《集韵》则照顾了宋代的语音。

音韵学家们轻视"平水韵",其实无论从它跟文学语言的关系上
看,或者是从它跟实际口语的关系上看,它都是应该受到重视的。

四、《古今韵会举要》

《古今韵会》三十卷,是元代黄公绍所编。因为卷帙繁多,熊忠另
编一部《古今韵会举要》。《古今韵会》作于至元二十九年(1292)之
前,《古今韵会举要》作于大德元年(1297)。

《古今韵会举要》是按照三十六字母与一百零七韵排列的。熊氏
的书表面上虽然依照传统的韵部,实际隐藏着元代的语音系统。熊氏
在凡例里说:

> 旧韵所载,考之七音,有一韵之字而分入数韵者,有数韵之字
> 而并为一韵者。
>
> 今每韵依七音韵各以类聚,注云:"以上按七音属某字母韵。"

如果我们依照他所谓"按七音属某字母韵"来进行分类研究,可以
知道元代语音的概况。不过我们要注意所谓"某字母韵"并不就是韵
部,大致地说,一个字母韵只等于一个韵部中的一个呼。例如居孤两
个字母韵实际上是撮口呼与合口呼的分别;歌戈迦瘸四个字母韵实际

上是开合齐撮四呼;嘉瓜牙嗟四个字母韵实际上也是开合齐撮四呼①。从这个线索去进行研究,会得出较好的结果。

五、《中原音韵》

《中原音韵》与《切韵》是中国的两大韵书。《切韵》由于是斟酌古今的,所以受到士大夫的重视,奉为圭臬;《中原音韵》由于是为北曲而作的,使用的范围狭些,它的影响也就小些。但是,从中国语言学史上看,《中原音韵》的价值,比起《切韵》来,有过之无不及,因为它基本上是以实际语音为根据的。

《中原音韵》的作者周德清是高安人,高安在今江西省,有人怀疑高安距离中原很远,他不一定订得出正确的读音来②。但是籍贯并不能作为证明:即使周德清的大都话(北京话)说得不好,只要他精于北曲,他就能编出很好的曲韵来。大家都承认《中原音韵》影响很大,"作北曲者守之,兢兢无敢出入"③。假使周德清的书与北曲不合,绝不会这样受人欢迎。我们知道,戏剧必须依照口语,然后为观众所接受。《中原音韵》代表当时大都的实际语音系统,那是毫无疑义的。

《中原音韵》书成于泰定甲子(1324)。书中共分十九个韵部:1. 东钟;2. 江阳;3. 支思;4. 齐微;5. 鱼模;6. 皆来;7. 真文;8. 寒山;9. 桓欢;10. 先天;11. 萧豪;12. 歌戈;13. 家麻;14. 车遮;15 庚青;16. 尤侯;17. 侵寻;18. 监咸;19. 廉纤。

周德清在《中原音韵·正语作词起例》里说:"音韵内每空是一音,以易识字为头,止依头一字呼吸,更不别立切脚。"这就是说:在十

---

① 参看王力《汉语音韵学》。
② 王伯良《曲律·论韵第七》:"又周江右人,率多土音,去中原甚远,未必字字订过。"
③ 这也是王伯良的话。《四库全书总目提要》也说:"而所定之谱,则至今为北曲之准绳。"

九个韵部中,每空一格就是另一个音,每一个音第一个字是一个容易认识的字,所以不需要反切,大家看了都会懂得。依照这个线索去分析概括,不难把声母的系统也找出来。现在大致可以肯定,《中原音韵》共有二十个声母①,这二十个声母也就是兰茂《韵略易通》中的《早梅诗》所代表的。《早梅诗》是:

> 东风破早梅,向暖一枝开。
>
> 冰雪无人见,春从天上来。

由于《中原音韵》来得很突然,使我们感觉到不但从《广韵》到《中原音韵》是一种跳跃,而且从"平水韵"到《中原音韵》也是一种跳跃。其间差别最显著的,有以下两点:

(1)从声调方面看,《中原音韵》显示了入声的消失和平声的分化,以及浊上的变为去声。固然,书中还没有泯灭入声的界限,但所谓"入声作平声(大约是作阳平)、入声作上声、入声作去声",实际上也就是入声分别转化为其他三声。固然,周氏在《正语作词起例》里也曾说过:"入声作三声者,广其押韵,为作词而设耳。毋以此为比,当以呼吸言语还有入声之别而辨之可也。"但是,正是由于当时大都人已经不能辨别入声,所以周氏才教人们辨别入声。在这一点上周氏倒是受了自己方言的影响,不肯承认北音入声的消失。实际上,入声的趋于消失,从宋代已经开始了,例如柳永《黄莺儿》词:"园林静昼谁为主?暖律潜催幽谷。"谷"字入声,与"主"为韵②。这种例子还可以再找到一些。至于-p尾、-t尾、-k尾三种入声的互相押韵,更是常见的现象。五代和凝《望梅花》叶"息、迹、折、惜、觅、笛";孙光宪《渔歌子》叶"灭、

---

① 我在《汉语史稿》中,认为《中原音韵》有二十四个声母,但是尚嫌证据不足。现在仍依罗常培定为二十声母,疑母有残留的痕迹,不算在二十声母之内。

② 见万树《词律》卷十四第15页,中华书局。

阔、叠、烈、节、月";宋柳永《浪淘沙慢》叶"息、滴、客、戚、极、阕、力、惜、隔、说、忆";周邦彦《浪淘沙慢》叶"堞、发、阕、结、折、绝、切、阔、咽、别、竭、月、叠、歇、缺、雪"①。如果说是从宽押韵,为什么盛唐诗人们没有一个从宽的呢?我们认为入声的消失很可能先经过合流的过程,就是-p尾、-t尾、-k尾一律变为-? 尾,像现代吴语和现代某些北方方言那样(如山西和冀南),然后再与舒声合流。《中原音韵》时代大都方言的入声已经完全消失了。

平声的分化,则是由于清浊音影响了声调。声母清浊的不同,对声调不免有些影响。影响逐渐扩大,于是分化为两调。后来全浊音消失了,但是平声已经分化为两调,就不再合流了。

浊上的变为去声,完成的时期就更早了。李涪《李氏刊误》批评陆法言说:"又恨怨之恨则在去声,很戾之很则在上声;又言辩之辩则在上声,冠弁之弁则在去声;又舅甥之舅则在上声,故旧之旧则在去声;又皓白之皓则在上声,号令之号则在去声。"李涪是唐末人,可见全浊字读去声在唐末(或更早)已经完成了。

(2)从韵母方面看,《中原音韵》的最大特点是把支思从齐微分出来,把桓欢从寒山分出来,把车遮从家麻分出来。这当然是反映了实际语音的发展。

周德清的反复古主义精神促使他写这一部有价值的著作。他在《正语作词起例》里说:

　　余尝于天下都会之所,闻人间通济之言。世之泥古非今,不达时变者众。呼吸之间,动引《广韵》为证,宁甘受鸠舌之诮而不悔。亦不思混一日久,四海同音,上自缙绅讲论治道,及国语翻译,国学教授言语,下至讼庭理民,莫非中原之音。不尔,止依《广

---

① 所引和凝以下各词均见于《词律》。

韵》呼吸,上去入声姑置,未暇殚述,略举平声。如靴(许戈切)在戈韵,车邪遮嗟却在麻韵;靴不协车,车却协麻!元暄鸳言骞焉俱不协先,却与魂痕同押;烦翻不协寒山,亦与魂痕同押!靴与戈,车与麻,元与烦,烦与魂,其音何以相着?佳街同音与皆同押,不协哈;哈却与灰同押!灰不协挥,杯不协碑,梅不协糜,雷不协赢;必呼梅为埋,雷为来,方与哈协!如此呼吸,非鸠舌而何?不独中原,尽使天下之人俱为闽海之音,可乎?

说《切韵》是闽海之音,是鸠舌,固然未免冤枉了陆法言;但是他批评"泥古非今,不达时变",的确是很有道理。他尊重当代语言,也就是尊重人民口语,同时是尊重民间文学,接近人民群众。而他所说的"混一日久,四海同音",应以中原之音为标准,这也合于语音规范化的原则,对汉语发展是有利的,对汉族人民也是有利的。

但是,北曲韵谱的兴起,还不能说是完全由于周德清的反复古主义。应该说还有其社会的原因,《四库全书总目提要》说:

> 词曲本里巷之乐,不可律以正声。其体创于唐,然唐无词韵,凡词韵与诗皆同。唐初《回波》诸篇,唐末《花间》一集,可复按也。其法密于宋,渐有以入代平、以上代平诸例,而三百年作者如云,亦无词韵。间或参以方音,但取歌者顺吻,听者悦耳而已矣。一则去古未远,方音犹与韵合,故无所出入;一则去古渐远,知其不合古音,而又诸方各随其口语,不可定以一格,故均无书也。至元而中原一统,北曲盛行,既已别立专门,自宜各为一谱,此亦理势之自然。

《提要》以为由于词曲是里巷之乐才不要求正声,这样贬低民间文学,崇尚"正声"(实际上是古音),显然是应该受批判的。但是里面讲到曲韵兴起的原因,却是可以同意的。唐人离开《切韵》时代未远,

《切韵》音系还将就可用，所以不需要另编词韵。宋人虽然离开《切韵》时代已远，但是中原不统一，只好各照方音作词，也不需要词韵。元代建立后，中原统一了，而且北曲盛行了，曲韵也就应运而兴。这可以说明为什么除了周德清的《中原音韵》以外，还有元卓从之的《中州乐府音韵类编》（简称《中州音韵》）、明陈铎（？）的《词林韵释》等。这些书的内容大致相同，这更证明社会上需要北曲的韵谱，正像现代北方曲艺的"十三辙"，很难说是一个人独创的。只不过周德清走在前面，他的书就显得重要了。

上文说过，《中原音韵》的价值在于它基本上反映了元代大都的实际语音系统。可信的程度即使不达到百分之百，也在百分之九十五以上①。它不是与个别方言的历史有关，而是与民族共同语的历史有关。我们可以说，现代普通话的语音系统也就是从《中原音韵》的语音系统发展来的。因此，在汉语史的研究上，它的价值是很高的。

六、《洪武正韵》

《洪武正韵》是明乐韶凤等奉敕撰，书成于洪武八年（1375）。这是古今南北杂糅的一部韵书。在声调方面，它维持传统的入声；在声母方面，它维持全浊声母②；但是，在韵部方面，它却大事合并。拿平声来说，它把"平水韵"三十个韵部并成了二十二个③，比起《中原音韵》的十九部来只多出三个。宋濂在《洪武正韵·序》里说："有独用当并为通用者，如东冬、清青之属；亦有一韵当析为二韵者，如鱼模、麻遮之属。"这样，从声调、声母两方面看，《洪武正韵》偏重于存古；从韵部方

---

① 有极少数可疑的情况，例如"仰""养"不同音，"交""骄"不同音。这些组的字，在《中州音韵》和《词林韵释》里都是同音的。

② 只是把知彻澄并到照穿床禅，把娘并入了泥。

③ 参看王力《汉语音韵学》。

面看,它又偏重于从今。而存古与从今都做得不彻底,所以说是古今南北杂糅的一部韵书。

《洪武正韵》的作者排斥《切韵》系统,以为"韵学起于江左,殊失正音",于是标榜"一以中原雅音为定"。排斥《切韵》为吴音,这是缺乏历史发展观点;但是,假使真能"一以中原雅音为定",也可以与《中原音韵》媲美。现在这样不古不今,不南不北,参考价值就很低了。周宾所《识小编》说:"洪武二十三年,《正韵》颁行已久,上以字义音切尚多未当,命词臣再校之。"可见此书在明代也是行不通的。

此书失败的原因可以归纳为下列两点:(1)奉敕撰著的书不如私人著作那样自由,既要仰承皇帝意旨,又不敢完全否定传统;(2)当时尚未迁都北京,所谓"以中原雅音为定"的话是不明确的,中原区域很大,不知指的是什么城市;参加编写工作的共十一人,据籍贯可知者看来,除了一个蒙古人以外,都是南方人,其中有三个浙江人①,难免受到自己方言的影响②。

*　　　　　*　　　　　*

韵书可以分为两大类:第一类是以建立音系为主要目的的,如《切韵》《五音集韵》《中原音韵》《洪武正韵》等;第二类是以增字增训为主要目的的,如《广韵》《集韵》,以及毛晃父子的《增修互注礼部韵略》(简称《增韵》)③、熊忠的《古今韵会举要》等。至于《壬子新刊礼部韵略》,只可认为是实用手册。

从中国语言学史的观点看,第一类自然比较地具有语言学性质,

---

① 参看王力《汉语音韵学》。

② 宋濂在自己的序里也说:"复恐拘于方言。"这与周德清的情况不同:周德清以北曲为调查研究的对象,只要认真严肃而又有一定的审音能力,就能把工作做好;乐韶凤、宋濂等人纯任主观,那么方言的影响就势所难免了。

③ 本节里没有讲《增韵》,因为与其说它是韵书,不如说它是字书。

但是价值有高有低;第二类也不能完全排斥于语言学之外,因为它们也在一定程度上反映了一些语言学观点,例如《古今韵会举要》所谓"七音韵"等。

第四节　等韵学

等韵就其狭义说,是关于韵图的科学。它是音韵学中的一个部门,是为反切服务的。中国佛教徒在学习声明(梵语语法)的时候,必须研究音韵,所以郑樵在《通志·七音略》里说:"释氏以参禅为大悟,通音为小悟。"三十六字母就是华僧从胡僧那里悟出来的。自从有了韵书,人们把韵母加上三十六个声母,很容易构成韵图,正像今天我们的普通话拼音表一样。但是,由于我国文字不是拼音文字,所以拼音表的道理不容易懂得,有待于梵语语法的启发。所以郑樵在《通志·六书略》里说:

> 梵人别音,在音不在字;华人别字,在字不在音。故梵书甚简,只是数个屈曲耳,差别不多,亦不成文理,而有无穷之音焉。华人苦不别音。如切韵之学,自汉以前人皆不识,实自西域流入中土,所以韵图之类,释子多能言之,而儒者皆不识起例,以其源流出于彼耳。

既然和尚们多数都要学会韵图,那就只是为了佛教的需要,所谓"通音为小悟"了。为什么又说等韵是为反切服务的呢? 这就要区别它的来源和流变了。就来源说,它是佛教的东西;就它对中国一般知识分子的作用来说,它的用途却在于帮助人们了解反切。实际上,韵图的作用等于一种反切图或查音表。

韵图有三派:第一派是把字音分为二呼,每呼四等,按《切韵》的韵部分为四十三图，《韵镜》和《七音略》属于这一派；第二派也是把字音分为二呼，每呼四等，但是把《切韵》的韵部合并为二十图或二十四图，《四声等子》《切韵指掌图》和《切韵指南》属于这一派；第三派是把字音分为四呼而不分等，梅膺祚《字汇》后面所附的《韵法直图》和《韵法横图》、《康熙字典》前面所附的《字母切韵要法》、潘耒的《类音》属于这一派。这些派别和时代是有关系的：第一派的韵图产生于南宋之初或北宋的后期，即 12 世纪以前；第二派的韵图产生于 12 世纪到 14 世纪之间[①]；第三派的韵图产生于 16 世纪以后。现在分别加以叙述。

一、第一派的韵图

《韵镜》不知何人所作。张麟之在《韵镜·序》里说：

> 《韵镜》之作，其妙矣夫！余年二十，始得此学字音。往昔相传，类曰《洪韵》，释子之所撰也。有沙门神珙，号知音韵，尝著《切韵图》，载《玉篇》卷末，窃意是书作于此僧，世俗讹呼"珙"为"洪"尔，然又无所据。自是研究，今五十载，究莫知原于谁。近得故枢密杨侯倓淳熙间所撰《韵谱》，其自序云："揭来当涂，得历阳所刊《切韵心鉴》，因以旧书手加校定，刊之郡斋。"徐而谛之，即所谓《洪韵》，特小有不同。

郑樵《通志·七音略》也说："臣初得《七音韵鉴》，一唱而三叹；胡僧有此妙义，而儒者未之闻。"由此看来，至少可以肯定：韵图是和尚们所作，其初名为《韵镜》或《韵鉴》[②]，这书不止一种版本，杨倓所得的

① 相传《切韵指掌图》为司马光所作，那是靠不住的。它大概是 13 世纪的作品。
② 据张麟之《韵镜·序》，为避翼祖讳（敬），才改名《韵鉴》。

《切韵心鉴》①、郑樵所得的《七音韵鉴》、张麟之所得的《指微韵镜》②，都是其中的一种。因此，《韵镜》和《七音略》的内容基本上是相同的。

这一派韵图按唇、舌、牙、齿、喉、半舌、半齿的次序，把三十六字母分为二十三个直行，每行分四声、四等，所以每行有十六个字音（当然有些是有音无字的）。在四十三个韵图中，有些是独图，有些图则是开口呼与合口呼相配。

三十六字母之所以合并为二十三行，因为有些地方是两个字母同行的。重唇音与轻唇音同行，因为轻唇只有合口三等，而重唇的合口三等字又不跟它冲突。舌头音与舌上音同行，因为舌头音只有一、四等，舌上音只有二、三等，可以互相补足。齿头音与正齿音同行，因为齿头音只有一、四等（邪母只有四等），正齿音只有二、三等，可以互相补足。当然，同行也有它的原则，就是必须语音相近的，在上古时代是属于同一声母的③。

《韵镜》和《七音略》都只有四十三个韵图，怎能容纳二百零六个韵部呢？这是因为一个图不止容纳一个韵部。每一个图共有十六个横行，按每一个横行排一个韵部计算，原则上四十三个韵图可以容纳六百八十八个韵部。当然有许多有音无字的地方，甚至有些空格实际上没有这种读音，所以只容纳了二百零六个韵部。

为了使每一个音节都在韵图中有它自己的地位，《韵镜》和《七音略》的作者煞费苦心。例如支脂之三韵，在《广韵》中虽然注明同用，但是《韵镜》和《七音略》都分为五个韵图，除之韵为独图外，支、脂各有开合二图。又如元、寒、桓、删、山、先、仙七韵，作者巧妙地把它们排

---

① 杨倓以此为基础所著的韵图名为《切韵类例》，书今已佚。孙觌《鸿庆居士集》有《切韵类例序》。据孙序所说，《切韵类例》有四十四个图，确是跟《韵镜》差不多。
② 书名见张氏前序。
③ 至少是极其近似，例如禅母与邪母。

入四个韵图内:第一、二两图是山、元、仙的开合口①,山韵占二等,元韵占三等,仙韵占四等;第三、四两图是寒、桓、删、仙、先的开合口②,寒、桓占一等,删韵占二等,仙韵占三等③,先韵占四等。如果我们要了解孙炎、徐邈、李轨、沈重、曹宪等人的反切而希望查韵图来解决的话,只有查《韵镜》《七音略》才是靠得住的;第二派已经泯灭了二百零六韵的界限,古音已不可追寻;第三派更不必说了。

　　今天我们把拼音方法看成是一件容易的事,因为我们有了拼音字母的缘故。古人利用汉字作反切,上字只取声母,下字只取韵母,两字"急读"往往拼不出正确的读音来,因此只有靠韵图来解决。韵图利用横推直看的办法,机械地查出反切的正确读音来。《韵镜》前面有张麟之所写的《归字例》,就是说明查音的方法的。现在我们根据《归字例》的原则来说明这个查音方法。例如"皋,古劳切",我们先在第十二图内找到了"古"字,知道它属于见母④,然后在第二十五图内找到了"劳"字,在来母一等。反切下字一定是跟被切字或其同音字同在一个韵图里,而且一定同等。因此,我们在第二十五图里见母一等找到了"高"字,就可以决定"皋"字音与"高"同。如果把第十二图摆在第二十五图的上边,则查音的过程成为一个直角三角形,直角是被切字的读音:

　　有时候,查出来的就是被切字的本身,例如"瞋,昌真切",查出

---

①　实际上是第二十一、二十二两图。

②　实际上是第二十三、二十四两图。寒韵只有开口,桓韵只有合口。

③　此外还有个别二等字。其实仙韵只有真三等,所谓四等和二等都是依照韵图的说法。

④　《韵镜》没有标明字母名称,但是标出唇、舌、牙、齿、喉,熟悉三十六字母的人一看就知某字属于某母。《七音略》则标明字母,更好查了。

来是：

　　那也不要紧，因为周围的字都可以启示我们：在第十七图中，正齿音三等"真、瞋、神、申、辰"同一个横行，我们就知道"瞋"字一定是"真"的送气音了。再说，"瞋"的上声有"龀"，去声有"櫬"，入声有"叱"，只要认识其中的一个字，也是可以按同音不同调的道理去推知被切字的读音的。

　　韵图不只适用于一种反切，而是适用于所有的反切。例如孙炎《尔雅音》"胎，大才反"；《诗·秦风·小戎》"竹闭绲縢"，《经典释文》引徐邈音"縢，直登反"。大才反与"臺"同音，因为"大"属定母，"才"与"裁"同音，而"裁"在第十三图一等，横推直看到本图定母一等就是"臺"字。直登反与"腾"同音，因为"直"字虽属澄母三等，但是"登"字在第四十二图一等，反切下字必须与其所切出的字音同等，我们必须找出与澄母同行的一等字，那就是定母字，所以直登反，实际上等于徒登反（《经典释文》对于《诗·鲁颂·閟宫》"朱英绿縢"的"縢"正是注作徒登反）。由此看来，韵图不但可以帮助人们了解韵书的反切，而且可以帮助了解经史诸子注疏中的反切，用处是很大的。

　　在等韵学上，有一些名词术语，其中有些是好懂的，有些是不好懂的。唇舌牙齿喉和清浊都是比较好懂的，我们只要把现代语音学的术语和它们对比一下就是了①。《七音略》以羽徵角商宫代表唇舌牙齿喉，那是牵强附会，也不必深究。唯有《韵镜》《七音略》都提出"内转、外转"的说法，这两个概念就比较难懂：很粗地看来，内转似乎是指的

————————

① 参看王力《汉语音韵学》。当然在这一方面也不是完全没有问题，例如关于半舌音的说明，牵涉到高本汉对日母的拟音是否正确的问题。

较高的元音,外转似乎是指的较低的元音,但是也不尽然①。最近我们才懂得,有真二等的韵部属于外转,没有真二等的韵部属于内转,问题才解决了。《七音略》还有"重、轻"的概念:很粗地看来,重似乎是指的开口呼,轻似乎指的合口呼②,但是它所谓"重中重、轻中轻、重中轻、轻中重"等,还是不好懂。等韵学家的立名并不一定是很科学的,拿现代语音学的概念来比附,反而弄得不妥。

二、第二派的韵图

《四声等子》不知何人所作,成书时代大约在 12 世纪以后。《切韵指掌图》也不知何人所作(托名司马光),成书大约与《四声等子》同时或稍后。《切韵指南》的全名是《经史正音切韵指南》,为元代刘鉴所著,书成于至元二年丙子(1336)。这三部书有一个共同的特点,就是把韵图简化了,同时也是系统化了。

从汉语音韵学的发展上看,这三部书的最大贡献是把二百零六韵概括为十六个摄或十三个摄,这样能使语音系统的脉络更加分明。现在我们调查方言还用十六摄的系统来制造调查表格,那是完全合理的。

十三摄和十六摄,实际上差不多。看来是先有十六摄,而十三摄只是十六摄的再简化。十六摄的名称是:通、江、止、遇、蟹、臻、山、效、果、假、宕、梗、曾、流、深、咸。而十三摄则是并江于宕、并假于果、并梗于曾。《切韵指南》虽然成书较晚,但是由于作者的存古观念较重,所以仍分十六摄;《四声等子》实际上也保存了十六摄的名目,不过是把

---

① 罗常培先生的《释内外转》(《史语所集刊》第四本第二分)以为内转的元音较后而高,外转的元音较前而低。这是他改传统的八内八外为七内九外,又以果、宕两摄改隶外转,以臻摄改隶内转的缘故。这样改变传统说法才得到的结论,未可据为定论。

② 据此,《七音略》把东、鱼两韵都认为开口呼。

二十四图压缩为二十图,注明并江于宕、并假于果、并梗于曾罢了。《切韵指掌图》索性不用韵摄的名称,那是彻底的十三摄,但是《切韵指掌图》的具体内容却基本上与《四声等子》相符合,它也是并江于宕、并假于果、并梗于曾,只不过韵摄的先后次序不同罢了。

拿这三部书来互相比较,我们看见《切韵指南》的存古观念最重,《四声等子》次之,而《切韵指掌图》的作者则有一定的革新精神。例如他把齐祭诸韵由蟹摄移入止摄,又把"兹、雌、慈、思、词"等音由四等移入一等,都是根据13世纪初期的实际语音,而与后来的《中原音韵》相符合的。

韵摄的发明,在音韵学上是一种进步,上面已经说过了;但是,由于二百零六韵被简单地合并了,古音系统就乱了,人们再也不能根据韵图去正确地了解古代的反切了。例如"奇,渠羁切",查《切韵指掌图》则与"其"同音,依《广韵》则"奇"在支韵,"其"在之韵;"徵,陟陵切",查《切韵指掌图》则与"贞"同音,依《广韵》则"徵"在蒸韵,"贞"在清韵。"奇"与"其"、"徵"与"贞",在上古都不同韵部,如果依照这一派韵图去了解古代反切,那就不能正确地了解了。不过,那只是就古音系统来说;如果不要求了解古音系统,而是要求知道当代读音,韵图仍然是能起正音作用的。

韵图虽说是为《广韵》或《集韵》而作,但是韵图与韵书之间不是没有矛盾的。大致说来,共有三种矛盾:第一,《切韵》时代和更古的时代留传下来的反切跟三十六字母的系统不相符合,例如上文所举"幐,直登反"之类;第二,韵图中有一部分四等字在韵书中实际上是跟三等字同其反切下字的,例如"居,九鱼切","徐,似鱼切",在韵图中"居"在三等,而"徐"在四等;第三,唇音字属开口或属合口,韵书中举棋不定,韵图中也举棋不定,有些地方就产生矛盾。这样,后来就有人造出一些门法来帮助读者解决查检韵图的困难。

（1）有所谓"音和切"和"类隔切"。音和就是一般的反切，类隔则是隔类的反切，指的是重唇与轻唇通用、舌头与舌上通用、齿头与正齿通用。这些声母在《韵镜》《七音略》《四声等子》《切韵指南》里正是同行的，因为那时三十六字母只分二十三行。所谓类隔，就是同类而又相隔的意思。例如"丁吕"切"贮"、"直登"切"滕"，以及颜之推所批评徐邈的"骤，在遘反""橡，徒缘反"，都是类隔。实际上，所谓类隔在较古时代正是音和。

另有一种情况，虽然一般不认为类隔，但是实际上也是一种类隔。那就是匣、喻的相通。明邵光祖《切韵指掌图检例》中有《辨匣喻二字母切字歌》云："匣阙三四喻中觅，喻亏一二匣中穷。上古释音多具载，当今篇韵少相逢。"所举的例则是"户归"切"帏"、"于古"切"户"。其实在《广韵》中如"羽弓"切"雄"也是同样情况。这可以证明上古喻三应归匣母①。

（2）门法中又有"广通"和"偏狭"的分别。广通指的是支脂真谆仙祭清宵八韵②，因为在这些韵中，三等字可以作为反切下字来切四等字③，例如"余支"切"移"、"抚昭"切"漂"。"偏狭"指的是东钟阳蒸鱼之尤盐侵诸韵④，因为在这些韵中，影喻齿头的四等字可以作为反切下字来切三等字，例如"居容"切"恭"、"居悚"切"拱"。

---

① 还有来、日二母相通也是一种类隔，参看《切韵指掌图》所附邵光祖《切韵指掌图检例·辨来日二字母切字例》。这里不细述。

② 邵光祖《切韵指掌图检例·辨广通偏狭例》云："支脂真谆萧仙祭，清宵八韵广通义。""萧"是多余的，因为萧是纯四等韵，其中并没有三等字；除去萧也够八韵了。《四声等子》在这里正是没有提到萧韵。

③ 据邵光祖《检例》，只说照系三等字作为反切下字；但据《切韵指南》，则来、日三等字也算在内。

④ 据邵光祖《检例》则是钟阳蒸鱼登麻尤之虞齐盐诸韵，那显然有部分错误，因为登韵是一等韵，齐韵是四等韵，都不可能有三、四等交切的情况；麻韵虽有三、四两等，实际上没有用四等字切三等字的。今参照《四声等子》改正。

（3）门法中又有"辨独韵与开合韵例"。独韵所切之字不出本图之内；开合韵则所切字多互见。例如"眉箭"切"面"，"箭"字在开口图内，"面"字却在合口图内①。《广韵》"居万"切"建"、"下没"切"麧"，都算是这一类。这些或者被切字是唇音，或者反切下字是唇音，唇音的开合口是比较难定的。

关于这种门法，不能详细加以叙述。我们在这里只想强调一点：韵图服务于反切，这里又得到了证明。

三、第三派的韵图

从上文看来，韵图虽然对于反切的学习起了很大的辅助作用，但是门法繁多，障碍不少，特别是一音为什么能有四等，令人百索不得其解②。明万历年间，叶秉敬作《韵表》，主张"一表二等"。他说："愚每翻复于唇齿，往来于心口，灼见二等之外毫不可增，二等之内毫不可减。"这就是说，一音不可能有四个等，只能有两个等。这是偷换了等的概念。《韵镜》《七音略》《四声等子》《切韵指掌图》《切韵指南》的等，其性质虽然不十分明确，但是，至少可以肯定，四等的分别不仅是韵头的分别，而且是主要元音的不同；这样，宋代的等和后代的呼是不同的概念。叶秉敬按呼的概念去了解等，开口呼二等，合口呼二等，即凑成四呼，所以说二等不可增减。

梅膺祚《字汇》后面附有《韵法直图》，作者不知是谁，梅氏说是壬子春（1612）从新安得来的。又有《韵法横图》，据梅氏说是上元李世

---

① 这是指《切韵指掌图》和《四声等子》来说的。《韵镜》《七音略》《切韵指南》则"箭、面"都在开口图内。
② 根据高本汉的研究，这是主要元音的不同。参看王力《汉语音韵学》。但是这还不能完全作为定论。再说，这里讲的是学术发展的过程，当时的一般人实在是不懂为什么分四等。

泽所作。这两个韵图都在甲寅年(1614)刊行。图中已经有了"合口、撮口、开口、齐齿、闭口"的名称。"开口、齐齿、合口、撮口"即后来所谓四呼;"闭口"则指收-m、收-p的韵。

到了清代,潘耒(1646—1708)作《类音》,给四呼下了定义①,把韵分为二十四类,每类都有四呼②,四呼的学说从此奠定了基础。这种学说是根据汉语的音节特点概括出来的,是有科学根据的。无论对本族人或外族人学习汉语,都是很有用处的。

《韵法直图》《韵法横图》和《类音》虽然把旧说的等推翻了,换成新说的呼,但是对于韵部则革新精神不够。《康熙字典》前面所载的《字母切韵要法》,才真正突破了框框。虽然在入声问题和浊母问题上还不免有点泥古③;但是在韵部问题上,《字母切韵要法》却表现了大刀阔斧的革新精神。《字母切韵要法》分为十二摄,基本上跟今天北方曲艺的十三辙相当。现在拿来比较如下:

十二摄	十三辙
迦	麻沙
结	乜斜
冈	江阳
庚	中东
裓(古得切)	衣期、姑苏
高	遥迢
该	怀来
傀(公回切)	灰堆

---

① 参看《类音》卷二,4页。又见王力《汉语音韵学》所引。

② 参看王力《汉语音韵学》。

③ 但是它也已经打乱了入声系统与浊母系统。例如"结、裓"作为平声字,阳平字一律作为清母字。

根	人辰
干	言前
钩	由求
歌	梭波

其中只有械摄包括衣期、姑苏两辙，稍有不同。这也不是音系的差别，而只是理论上的差别，因为在第三派韵图中，习惯上认为 ə、i、u、y 是相配的四呼①。

韵图既然牵涉到整个语音系统，等韵学家们有时也不免谈到发音原理。发音原理的阐述，属于广义的等韵学，潘耒的《类音》、江永的《音学辨微》、李汝珍的《音鉴》、劳乃宣的《等韵一得》，都是这一类的作品。其中要算《音学辨微》和《等韵一得》质量较高。

上文说过，韵图是为反切服务的，目的在于帮助人们正确地拼出字的读音来。但是，韵图留传到今天，则有汉语语音史上的价值。字音的分等，显示了音系上的差别。例如照系二等与三等的差别，喻母三等与四等的差别，都是上古声母上的重要区分，而由《韵镜》等书反映出来。又如二等韵既不同于一等韵，又不同于三等韵，在今天汉语方言中都有反映，假使没有韵图的存在，今天我们的方言研究就有许多不便，即以第三派韵图而论，对于近代语音史的研究，也很有价值。

第五节　六朝至明代的文字学和训诂学

六朝至明代的文字学和训诂学，比起音韵学方面的成就，颇为逊色。但是，为了全面地叙述学术发展，我们也不能略去不谈。现在提

---

① 潘耒《类音》以 ɿ、i、u、y 为相配的四呼，与此正相近似，见王力《汉语音韵学》所附图《四呼全分音表》。

出几种主要的著作来谈一谈。

一、《字林》

《字林》是晋弦令吕忱所撰①。这一部书在当时影响很大,北魏文字训诂学家江式曾经上表推荐它。唐张怀瓘《书断》也认为这书是《说文》之流。《唐六典》载唐代科举要考《说文》六帖、《字林》四帖,可见《字林》的价值仅次于《说文》。《字林》大约在宋元之间已经亡佚了。现存有任大椿所辑《字林考逸》八卷,陶方琦《字林考逸补本》一卷。从各书所引《字林》之多,也可以证明这书曾经是受到非常重视的。

据后人考证,《字林》也是五百四十个部首,次序与《说文》无异,那么,它有什么特点能与《说文》并驾齐驱呢?据现有的材料看来,《字林》大约有下列几个特点:(1)《字林》收字较多,《说文》只收九千三百五十三字,《字林》收了一万二千八百二十四字。(2)《字林》收了一些异体字,如《说文》的"蜡"(zhà),《字林》作"褙";《说文》的"毖"(bì),《字林》作"瑝";《说文》的"薑",《字林》作"薑"。(3)《字林》的小篆写得好,张怀瓘说"小篆之工,亦叔重之亚也",可能是写得有特色,与《说文》不同。(4)注释当然也有不同,可供参考。

二、《玉篇》

《玉篇》是梁大同九年(543)黄门侍郎兼太学博士顾野王所撰。唐上元元年(760),孙强增加字。宋大中祥符六年(1013),陈彭年、吴锐、丘雍等重修。现存的《大广益会玉篇》,已经不是顾野王的原本;另

---

① 这是根据《隋书·经籍志》。但《魏书·江式传》又说是晋世义阳王典祠令任城吕忱所撰,吕忱的官职不同,想是先后任职不同的关系。

有《玉篇》残卷来自日本，可能是顾氏原本，刊于《古逸丛书》内。

据唐封演《闻见记》所载，《玉篇》共一万六千九百一十七字。现存的《玉篇》共二万二千五百六十一字，大约是孙强、陈彭年等人陆续增加的。《字林》比《说文》多三千四百七十一字；《玉篇》原本比《说文》多七千五百六十四字，今本多一万三千二百零八字，这是合乎字书的发展规律的。

《玉篇》之于《字林》，也像《字林》之于《说文》，字数增加了，更能适应时代的要求。当然，《说文》与《玉篇》的价值不同，各当其用，不能互相代替。如果为了追寻本义，仍当以《说文》为宗；但是许慎不可能预见四百年后的新词新义，因此，从一般用途上看，《玉篇》的使用价值反而高于《说文》。唐孙愐《唐韵·序》说："及按《三仓》《尔雅》《字统》《字林》《说文》《玉篇》……并列注中。"序中以《玉篇》与《尔雅》《说文》相提并论，其价值可想而知。

《玉篇》的部首与《说文》相同者五百二十九部，不同者十三部，共五百四十二部。部首的次序则与《说文》大不相同。除开始的几个部首和最后的干支部首与《说文》一致以外，其他都是重新安排的。顾氏似乎想要把意义相近的部首排在一起，例如卷三所包括的是人部、儿部、父部、臣部、男部、民部、夫部、予部、我部、身部、兄部、弟部、女部，但是他并不能始终坚持这个原则。

作为一种字典，《玉篇》比《说文》改进的地方颇多：第一是先出反切，这是很合理的，因为读者遇见一个字首先要求读出它的声音来。第二是引《说文》的解释，这是《玉篇》的有利条件，许慎时代没有更早的字书可引。第三是尽可能举出例证。例证是字典的血肉，没有例证的字典只是骷髅。第四是对例子加以必要的解释，这对读者也有很大的帮助。第五是注意到一词多义的现象。当然不是每一个字都具备这五点，但是顾氏在这些方面比以前任何字书都好得多。例如：

噎,於结切。《说文》云:"饭窒也"。《诗》曰:"中心如噎。"谓噎忧不能息也。

吮,食允、徂兖二切。欶(shuò)(按:今本误作"敕也",据《说文》改正)也。《史记》曰:"吴起卒有疾疽者,起为吮之。"

诉,苏故切。讼也,告诉冤枉也。《论语》曰:"公伯寮诉子路。"亦作"愬"。

极,渠忆切,栋也。《书》曰:"建用皇极。"极,中也。又至也,尽也,远也,高也。

我们要善于读《玉篇》,才能体会它的体例:有时候,它没有明引《说文》,其实也是根据《说文》,如"吮,欶也""极,栋也";它没有明引古训,其实是根据古训,如"噎忧不能息也"出自服虔《通俗文》,"极,中也"出自《书·洪范》"建用皇极"伪孔传。

《玉篇》和《说文》虽同属字书,但是它们是不同类型的。《说文》以说明字形为主,讲本义也是为了证明字形,所以只讲本义,不讲引申义;《玉篇》以说明字义为主,所以不再像《说文》那样说"从某,某声",同时也不限于本义,而是把一个字的多种意义罗列在一起。这样做,实际上已开后代字典的先河。《玉篇》在这一方面有它的创造性。

三、大小徐的《说文解字》

徐铉,字鼎臣;徐锴,字楚金。他们兄弟二人都是研究《说文解字》的专家,后人称为大小徐。徐铉奉诏与句中正、葛湍、王惟恭等校定许慎《说文解字》,校定本完成于雍熙三年(986)。这就是今天我们所看见的许慎《说文解字》,通称大徐本。徐锴作《说文解字系传》,书成于大徐本之前①，所以大徐本还受小徐本的影响②。

我们从大徐的《进说文表》和小徐《系传·袪妄篇》知道，《说文解字》在唐大历年间（8世纪）经过李阳冰的擅改。但是，李阳冰改动的地方并不很多（《袪妄篇》所批判的不过五十多处），而他提倡《说文》的功绩则不可埋没。当年的情况正如小徐所说："自《切韵》《玉篇》之兴，《说文》之学湮废泯没。"李阳冰坚持写篆书，学《说文》，在继承文化遗产上是有功的。当然二徐的功劳也是很大的。李阳冰的书今已亡佚，二徐的书更显得重要了。

大徐本《说文》有两点值得称道：第一是他做了精心校订的工作。正如大徐本后面所附雍熙敕牒所说的："许慎《说文》起于东汉，历代传写，讹谬实多。六书之踪，无所取法。若不重加刊正，渐恐失其原流。"大徐这样判别是非真伪，也就是对后人做了一件有益的事情。第二是他写了《说文新附》。这不是一部单行的书，而是把附加的四百零二个字分别插入各部的后面。他补充字的标准有三个：（1）许慎自己的注解中本来就有某字，而字条中却没有此字，显然是"漏落"的，应该添上；（2）《说文》中虽无此字，但经典相承有此字，也应该补充；（3）当代常用的字，虽不见于经典，也应该附加。这件事受到后代学者们的非议，如钱大昕在《说文新附考·序》中说："大半委巷浅俗，虽亦形声相从，实乖《仓》《雅》之正。"其实这正是大徐的功绩：不但补充许氏的疏忽是应该的，甚至"浅俗"的字，只要已经通行，也是应该附加的。我们今天看《说文新附》，能够考知汉以后唐以前产生的新词、新字，大徐的功绩不是降低了（如钱大昕所惋惜的），而是更大了。

---

① 徐锴死于开宝七年（974）。

② 钮树玉《说文解字校录·叙》说："二徐为许氏功臣，信矣。而小徐发明尤多，大徐往往因之散入许说，此其失也。"陈銮《说文解字系传·叙》说："而铉书后成，其训解多引锴说，而锴自引经，铉或误为许注。"

许多人以为小徐学问胜于其兄(如《说文解字系传》原跋所说)，主要是由于小徐有他的创见。差不多每条都有"臣锴曰"，表示了他自己的看法。大徐可以说是述而不作，小徐则有述有作。当然小徐的"作"也不是凭空杜撰的，而是有根据的。例如：

> 央，中央也。从大在门之内。大，人也。央㫄(旁)同意，一曰久。臣锴曰：凡大字皆象人之正立也。故央字从大，取其正中也。㐱字象四出，故曰与㫄同意。

> 閒(间)，隙也。从门，从月。臣锴曰：夫门当夜闭，而见月光，是有閒隙也。

就这两个例子看来，小徐是帮助读者更好地了解许慎《说文》，这是大徐所比不上的。

就版本的观点上说，二徐各有得失。小徐沿袭旧书，往往记录异文；大徐则校改较多，有些地方是改错了的。两书比较着看，并且结合唐人注疏所引《说文》，才可以恢复《说文》的真面目。

四、孔颖达《五经正义》与李善《文选注》

注疏也算训诂之学。在这个时期内，我们只择要叙述两家：第一是孔颖达的《五经正义》，第二是李善的《文选注》。

孔颖达生于隋代，入唐，累官国子司业，迁祭酒，尝受太宗命撰《五经正义》。《五经正义》即《周易正义》《尚书正义》《毛诗正义》《礼记正义》《春秋正义》，而其中的《春秋正义》实际上是《左传》的注释。这五个正义现在作为疏的形式载入《十三经注疏》中；孔疏在《十三经注疏》中占重要的地位，对后代训诂有很大的影响。疏是阐述传注的；孔颖达是经古文家，于《周易》用王弼注，于《尚书》用伪孔安国传，于《毛诗》用毛传和郑笺，于《礼记》用郑玄注，于《春秋左传》用杜预注。这样,使原来这些注也扩大了影响。孔颖达作疏的长处在于以五经融会贯通,特别是善于以本书证本书。例如《礼记·曲礼上》:"户外有二屦。"孔疏:"此一节明谓室有两人,故户外有二屦。此谓两人体敌,故二屦在外。知者,以《乡饮酒》无等爵,宾主皆降,脱屦于堂下,以体敌故也。若尊卑不同,则长者一人脱屦于户内,故《少仪》云'排阖脱屦于户内者一人而已矣'是也。"《乡饮酒》和《少仪》都是《礼记》的篇名,这样做,使各篇互相印证。后世作正义的人往往仿效这种方法。

李善是唐高宗时代(7世纪)的人,是著名文学家和书法家李邕的父亲。他从曹宪受《文选》之学。现存的《文选》有李善注本和五臣注本①。后来历代有人揭发五臣窃据李善注,巧为颠倒②。至于李善的注则非常渊博:他引用了诸经传训一百余种,小学三十七种,纬候图谶七十八种,正史杂史之类将近四百种,诸子之类一百二十种,兵书二十种,道释经论三十二种,诏表笺启诗赋颂赞等文集将近八百种(《文选》所收的文章不计在内)。这些书籍多已亡佚,所以《文选》的注成为很重要的一种文献。即以训诂而论,李善注与五臣注相比,也显示了优越性。李善的老师曹宪本来就是精通小学的,李善由于师承的关系,所以引用小学的书多至三十七种,而自己所注释又多平稳无疵。我们应该吸收李善注的优点来改进我们的注释古书的工作。

五、《匡谬正俗》

《匡谬正俗》八卷是唐颜师古所著。师古是颜之推的孙子,精于训诂学。他曾为《汉书》《急就章》作注,前者的贡献很大。《匡谬正俗》未完成,他就去世了,他的儿子颜扬庭把它编为八卷,上表献给朝廷。

---

① 五臣是:吕延济、刘良、张铣、吕向、李周翰。
② 如唐李匡义《资暇集》。

《匡谬正俗》够得上称为学术著作,既有确实的根据,又有卓越的见解。现在摘录数条,以见一斑。

〔御〕《周书·牧誓篇》云:"弗御克奔,以役西土。"孔安国注云:"商众能奔来降者,不迎击之,如此则所以役我西土之义。"①徐仙民音"御"为五所反。按"御"既训迎,当音五驾反,不得音御。《商书·盘庚》云"予御续乃命于天"②,《诗·鹊巢》云"百两御之",训解亦皆为"迎",徐氏并作音"讶",何乃《牧誓》独为"御"音?又与孔氏传意不同,失之远矣。

〔草创〕《襄二十一年》:"子羽与裨谌乘以适野而谋,于野则获,于邑则否。"③按《论语》称孔子云:"为命,裨谌草创之,世叔讨论之,行人子羽修饰之,东里子产润色之。"是谓裨谌发虑创始,为之辞意,世叔寻讨而论叙之,子羽、子产修饰,润色,然后成耳。草创者,犹言"草昧",盖初始之谓矣。又曰"草"者"藁草",亦未成之称,安在适草野则能,在都邑则不就?若然者,"讨论"岂寻干戈乎?"润色"岂膏泽乎?此亦是后人所加,非丘明本传也。

〔緡〕《食货志》云"藏緡",谓绳贯钱,故总谓之"緡"耳。文云"算緡",亦云以緡穿钱,故谓贯为"緡"也。而后之学者谓"緡"为钱,乃改为"锱"字,无义可据,殊为穿凿。按孔子云"四方之人緡负其子而至",谓以绳络而负之。故谓緡褓耳,岂复关货泉耶?

〔两量〕或问曰:今人呼履舄屐屦之属,一具为"一量",于义何耶?答曰:字当作"两"。《诗》云"葛屦五两"者,相偶之名,屦

---

① 《尚书》孔安国传是伪书,但是颜师古对此问题的判断仍是正确的。
② 今本《尚书》"弗御克奔"作"弗迓克奔","予御续乃命于天"作"予迓续乃命于天",可能就是根据《匡谬正俗》而改的。
③ 按:"二十一年"当是"三十一年"。《左传》原文是:"裨谌能谋,谋于野则获,谋于邑则否。郑国将有诸侯之事,子产乃……与裨谌乘以适野,使谋可否。"

之属二乃成具，故谓之"两"；"两"音转变故为"量"耳。古者谓车一乘亦曰一两，《诗》云"百两御之"是也。今俗音讹，往往呼为车若干量。

〔仇〕怨偶曰"仇"，义与"雠"同。"尝试"之字，义与"曾"同，"邀迎"之字，义与"要"同，而音读各异，不相假借。今之流俗，径读"仇"为"雠"，读"尝"为"曾"，读"邀"为"要"，殊为爽失①。若然者，"初"字训"始"，"宏"字训"大"，"淑"字训"善"，亦可读"初"为"始"，读"宏"为"大"，读"淑"为"善"邪？

由上述的一些例子看来，颜师古所纠正的古人的谬误，有字义方面，如"御"与"草创"；有字形方面，如"繰"；有字音方面，如"仇"；有字形兼字音方面，如"两"。《匡谬正俗》虽然篇幅不多，但是所包括的方面很广，而且说理精到，为后代学者所一致推崇。

自然，《匡谬正俗》也不是没有缺点的。例如解释"底"字说："问曰：俗谓'何物'为'底'，'底'义何训？答曰：此本言'何等物'，其后遂省，但言直云'等物'耳。'等'字本音都在反，转音丁儿反。"他的证据是不足的。又如他认为上古"丘""区"同音，又驳郑玄"予"为古"余"字之说（指"我"的意义而言），也都是站不住脚的。但这些都是小疵；和同时代的人比较，颜师古的文字训诂学还是杰出的。

六、《干禄字书》《佩觿》《复古编》

《说文解字》一类的字书，虽具有正字法的作用，但还不算正字法的专书。唐宋以后，汉字的形体渐渐混乱失真，于是不断地有正字法的专书出现。这些书大致都是以正体与俗体并列，使人知所取舍；或者辨别形似的字使人不至于写别字。其中较好的几部，如唐颜元孙的

① 按："邀"字有古尧、於宵二切。颜师古以为应读古尧切，故不与"要"同音。

《干禄字书》，宋郭忠恕的《佩觿》、张有的《复古编》等，都是对汉字书法规范化作出了一定的贡献的。《干禄字书》的影响较大，是科举时代的字体标准。书中分为俗、通、正三体，所谓"俗"，如"衺"作"衰"、"皃"作"兒"；所谓"通"，指沿用已久，正式通行了的字，如"采""採"通、"阪""坂"通；所谓"正"，自然是对"俗"来说的，如"泒"正作"派"、"苐"正作"第"等。这种规定，成为正楷。

七、《类篇》《龙龛手鉴》《篇海》

宋元时代，有三部字书值得提一提：第一部是宋王洙等所编的《类篇》；第二部是辽僧行均所编的《龙龛手鉴》；第三部是金韩孝彦所编的《篇海》。

《类篇》，旧本题司马光奉敕撰，实际上成于修韵官王洙等人之手，司马光不过奏进此书罢了。当时《集韵》增字颇多，和《玉篇》颇有出入，所以敕撰《类篇》，让它跟《集韵》相辅而行：一部是韵书，一部是字书，正好互相为用。《类篇》的部首完全依照《说文》，这也跟《玉篇》不同。

《龙龛手鉴》成于统和十五年（997），在检字法上颇有创造性。它先将二百四十二个部首按平、上、去、入四声分为四卷，平声包括金部等九十七部，上声包括手部等六十部，去声包括见部等二十六部，入声包括木部等五十九部。每部之中，再按平、上、去、入四声安排各字，例如金部平声有"锋、镛"等，上声有"锁、钜"等，去声有"鉴、锯"等，入声有"铎、凿"等。

《篇海》的全称是《四声篇海》，是以《玉篇》《类篇》《龙龛手鉴》为基础编成的，共分为五百七十九个部首，后来韩孝彦之子韩道昭（即《五音集韵》的作者）改并为四百四十四部。这些部首是按三十六字母的顺序排列的；同一字母的部首又按平、上、去、入四声为先后。至于每部之内的字则是按笔画多少来排列的。

《龙龛手鉴》和《篇海》都开字书音序检字法的先河。

在今天看来，这三部书在文字学上没有很大的价值，但是在当时它们的影响是大的。刘鉴《切韵指南》里有"五音篇首歌诀"，《康熙字典》里有"检篇海部首捷法"和"检篇卷数法"，却是教人查《篇海》部首的，可见《篇海》曾经盛行一时。

八、《字汇》《正字通》

中国近代影响最大的字书是清初的《康熙字典》，而《康熙字典》的前身则是《字汇》和《正字通》。

《字汇》是明梅膺祚所作，书成于万历乙卯（1615）。《字汇》在字书方面最大的改进是对于部首的改革。上文说过，关于部首，有两种迥不相同的原则：第一种是六书原则，这个原则要求严格地按照汉字的意符来决定部首的多少和顺序，按照这个原则，《说文》的五百四十部是合理的；第二种是检字原则，这个原则要求部首减少，根据通行字体，并且按照音序或笔划来排列，以达到便利的目的。梅膺祚是按照后一种原则来安排部首的。如根据前一种原则来批判他，可谓牛头不对马嘴。梅膺祚并非不懂六书的人，试看他在《字汇·凡例》中说：

> 偏傍艸入艸，月入月，无疑矣。至"蔑"从𦱳也，而附于艸①；"朝"从舟也，而附于月②。揆之于义，殊涉乖谬。盖论其形，不论其义也。

---

① 𦱳，工瓦切，羊角也。《说文》："蔑，劳目无精也。从苜、从戍，人劳则蔑然也。"又："苜，目不正也，从𦱳，从目（模结切）。"
② 《说文》："朝𦩻，旦也，从倝（古案切），舟声。"

可见他合并部首是一种大胆革新的举动。

音序排列法本来也是一种进步的排列法。韵书在实际上起了字书的作用,它的检字法比《说文》《玉篇》更便利一些。到了《篇海》,可以说音序排列法达到了相当完善的地步;但是由于语音不统一,一般人又没有音韵学的知识,仍然不便于实用。梅膺祚认为笔划排列法比音序排列法更为方便,所以他在把《说文》五百四十部与《篇海》四百四十四部合并为二百一十四部以后,还将部首“以字画之多寡循序列之”。他把全书按地支分为十二集,子集是一二画的部首,丑、寅两集是三画的部首,卯、辰、巳三集是四画的部首,午集是五画的部首,未、申两集是六画的部首,酉、集是七画的部首,戌集是八、九画的部首,亥集是十画以上的部首。每部中的字也是按笔划多少排列的(先少后多)。这种检字法之所以胜于其他检字法,是由于它适应了汉字的特点。后来《康熙字典》的部首数目和笔划排列法完全依照《字汇》,连按地支分集也照抄了。这就说明了《字汇》在部首的合并上和检字法上都是值得采用的。当然,从今天看来,《字汇》的检字法也不是没有缺点的,但是它在当时则是最进步的。

梅膺祚的收字原则是正确的。他在凡例里说:“字宗《正韵》,已得其概,而增以《说文》,参以《韵会》,皆本经史通俗用者,若《篇海》所辑怪僻之字,悉芟不录。”

梅膺祚的正字法观点是正确的。他既不徇俗,又不泥古。他提出了从古、遵时、古今通用三个原则:

(1)从古——古人六书,各有取义,递传于后,渐失其真。故于古字当从者,纪而阐之。例如:凡,俗作“九”;兆,俗作“乖”;岡,俗作“崗”;幼,俗从“刀”;免,俗作“兎”。

(2)遵时——近世事繁,字趋便捷,徒拘乎古,恐戾于今。又以今时所尚者,酌而用之。例如:力,古作“𠠲”;不,古作“𣎵”;之,古作

"㞢";夙,古作"㪃";兵,古作"叞";膺,古作"癏"。

（3）古今通用——字可通用，好古趋时，各随其便。例如："从"古"從"今、"沈"古"沉"今、"形"古"形"今、"蓋"古"盖"今、"蜨"古"蝶"今。

实际上，一般人正是按照这些原则来写字的。梅氏在正字法上作出了贡献。

《字汇》还给读者很多实用的知识。首卷有"运笔"一项，教人写字的笔顺。例如：

> 止，先卜，次⼀。按篆作㞢本三画，今依俗作止。
>
> 毋，先乚，次⼔，次丿，次一。
>
> 兆，先儿，次⼂⼂。
>
> 必，先心，次⼃，或先丿，次乚，次八。
>
> 書，先⺕，次白。
>
> 門，先⻖，次二，次⺄，次二。

卷末有"辨似"一项，教人辨认字形相似的字。例如：

> 氾汜　氾与汎同，从㔾[①]；汜音似，水决复入为汜，又水名。
>
> 肓盲　肓，音荒，膏肓；盲，音萌，目无瞳子。
>
> 刺剌　刺音次，讽刺；剌音辢(辣)，乖戾。
>
> 段叚　段，音团去声，体段，片段；叚，真假之假从此。
>
> 跌跌　跌，音孚，跌坐；跌，音迭，足失据。
>
> 鍾鐘　鍾，量名，又酒器；鐘，鐘磬。

这种通俗工作是有益的。

《正字通》是明张自烈(一作列)所撰，前面的"国书十二字母"，则

---

① 应该说从㔾(乎感切)。依《说文》，"氾"与"汎"亦非同字。

是清廖文英所续加。此书的部首和排列法都依照梅膺祚《字汇》,但比《字汇》征引稍博。《康熙字典》是直接以《正字通》作为蓝本的,所以我们不能不提到它。但是,它本身又是以《字汇》为蓝本的,所以不必详细讨论了。

　　这两部书一向是被学者们所排斥和轻视的。例如朱彝尊说:"小学之不讲,俗书繁兴,三家村夫子挟梅膺祚之《字汇》、张自烈之《正字通》,以为兔园册,问奇字者归焉,可为齿冷目张也。"①我们以为,《字汇》和《正字通》虽然存在着一些缺点,例如引书不载篇名而且引文有误等②,但是它们在普及语文教育方面,却发挥了很好的作用。本来有两种不同性质的著作:一种面对专家,另一种面对群众,各当其用。我们不能只重视前者而轻视后者。"兔园册"虽然"不登大雅之堂"③,但是它直接服务于人民群众,为当时的人民群众所欢迎。今天,我们应该对梅膺祚、张自烈的著述重新估价。

本章的结语

　　这一个时期语言研究的特点是音韵学占了优势。这个语言学发展方向对后代小学产生了有利的影响:人们已经意识到有声语言的重要性,而文字只是语言的代用品。

　　文字的创造,是人类文化发达的重要标识之一。上古时代有这样一个传说:"昔者仓颉作书,而天雨粟,鬼夜哭。"④文字是人民群众的

---

① 朱彝尊《汗简·跋》。

② 清吴任臣著《字汇补》,其中包括补字、补音义、较讹,专以补正梅氏之失。《四库全书总目提要》批评《正字通》说:"征引繁芜,颇多舛驳,又喜排斥许慎《说文》,尤不免穿凿附会。"

③ 《五代史·刘岳传》:"兔园册者,乡校俚儒教田夫牧子之所诵也。"

④ 见《淮南子·本经训》。

创造,当然不是某一个人所发明的;但是,上古人把这一创造看成是惊天地泣鬼神的一件大事,可见文字对人类文化的影响实在是太大了。从此以后,人们逐渐产生一种错觉,以为文字可以直接表示概念,而不必经过有声语言的中介。汉字不是拼音文字,而是所谓表意文字,更加助成这种错觉。等到反切发生了,韵书出现了,人们才逐渐意识到语音是语言的重大要素,不研究语音就无从研究语言。语音的研究对文学的发展影响很大。沈约等人在诗文中讲究声律,甚至以为:"自灵均以来,多历年代,虽文体稍精,而此秘未睹。"①这样推崇声律,大有"天雨粟,鬼夜哭"的情味。这是一个新阶段。这不是回到无文字的时代去,而是从文字的基础上更提高一步,教人们不要只看见文字,而不看见文字所反映的声音。

反切受了梵文拼音原理的影响,韵书受了反切的影响。至于字母和韵图之学,更是明显地来自 devanagari(梵文字母)。譬如说:梵文每一类塞音的次序都是:(1)不送气清;(2)送气清;(3)不送气浊;(4)送气浊;(5)鼻音。守温三十六字母差不多完全依照这个排列法,除浊音按汉语实际不能分为两类外,其他都照办了。等韵(包括字母、韵图等)不但打进了韵书,而且打进了字书中去。《广韵》后面附有《双声叠韵法》《辨字五音法》《辨十四声例法》《辨四声轻清重浊法》,《玉篇》后面附有《五音声论》《九弄反纽图》,《龙龛手鉴》后面附有《五音图式》②,《字汇》后面附有《韵法直图》《韵法横图》,《韵会》和《篇海》又按三十六字母排列,可见这个时代音韵学在语音研究中的确占了优势。

音韵学盛行以后,给清代学者的影响是很大的。不但研究古音的

---

① 沈约《宋书·谢灵运传论》。此据《文选》所录。
② 这个图式已被后人删去,只是在序文中提及它。

人直接受到等韵的影响；即以研究训诂的人而论，清儒如王念孙父子等之所以能不受字形的拘束，直接从声音方面去研究词义，也未尝不是受了这个时期音韵学的影响。

第三章 文字、声韵、训诂 全面发展的时期

第一节 《说文》的研究（上）

清代是小学的黄金时代。无论在文字方面、声韵方面、训诂方面，都有人作过比较全面而深入的研究。古音学从明末就开始了；文字训诂之学起于乾隆年间，即 18 世纪后期；古文字学最晚，从公元 1899 年甲骨文被发现后，这一个学科才兴盛起来，而它的显著成绩还在清亡以后。现在我们按文字、声韵、训诂的次序，分别加以叙述。

《说文解字》的研究，以这个时期为最盛。《说文》专家多至数十人，如果连稍有研究的人也计算在内，则多至一二百人①。自大小徐以来，《说文》之学中断了八百年。王安石作《字说》，郑樵作《六书略》，有许多穿凿附会的话，为文字学家们所不取②。南宋戴侗作《六书

---

① 根据《说文解字诂林》的"引用诸书姓氏录"从清初到罗振玉、王国维为止，共二百零三人。
② 王安石《字说》，今已亡佚。据说是"不本《说文》，妄自杜撰"（杨慎语），如同田为富，分贝为贫之类。但是王安石以变法事遭人嫉妒，可能有人过甚其辞，借此打击他。郑樵在《六书略》中，以为"武"字非从止戈，而是从戈以见义，从乚以见声。又驳韩非子"自营为厶"之说，以为"厶于篆文作乚，象男子之势"。这些地方都是主观臆断。

故》，既非《说文》中的篆文，又非金文中之古文，字多杜撰，也受到了学者们的訾议。除此之外，谈文字学的人虽不少，但是在段玉裁以前，没有值得称述的人（通俗字书的作者如梅膺祚、张自烈不在此例）。因此，乾嘉间的《说文》之学被认为是文字学的复兴。

　　清代《说文》之学，大致可以分为四类；第一类是校勘和考证的工作，如严可均的《说文校议》、钱坫的《说文解字斠诠》、田吴炤的《说文二徐笺异》、承培元的《说文引经证例》等；第二类是对《说文》有所匡正的，如孔广居的《说文疑疑》、俞樾的《儿笘录》；第三类是对《说文》作全面研究，多所阐发的，如段玉裁的《说文解字注》、桂馥的《说文解字义证》、朱骏声的《说文通训定声》、王筠的《说文句读》；第四类是补充订正先辈或同时代的著作的，如严章福的《说文校议议》、王绍兰的《说文段注订补》、钮树玉的《段氏说文注订》、徐承庆的《说文解字注匡谬》、徐灏的《说文解字注笺》等。其中以第三类最为重要。

　　段玉裁、桂馥、朱骏声、王筠，被称为《说文》四大家①。其中以段、朱最为杰出。这里着重叙述四大家，并以段、朱为主。

一、段玉裁的《说文》研究

　　段玉裁（1735—1815），字若膺，一字懋堂，江苏金坛人。他是一位小学家，同时又是经学家，著有《说文解字注》《六书音均表》《经韵楼集》《古文尚书撰异》《毛诗古训传》《诗经小学》《周礼汉读考》《仪礼汉读考》等。

　　《说文解字注》原名《说文解字读》，是在乾隆庚子（1780）年着手

---

① 一般把王筠排在朱骏声前面，因为王书问世在朱书之前。但朱书成于道光十三年癸巳（1833），王书成于道光十七年丁酉（1837），按成书年代则朱应在王前。

编写的,当时他四十六岁,书成于嘉庆戊辰年(1808)①,历时将近三十年。这一部著作受到了当时学术界的极端推崇,王念孙在《说文解字注·序》里说:"盖千七百年以来无此作矣。"按许慎《说文解字》成于公元100年,王念孙的意思是说段氏的书可以直追许氏的书。

段氏对大徐本《说文》做了一番校勘工作。本来,二徐就有殊异,小徐本还比较地不失许书之旧。段玉裁除了参考小徐本以外,还根据《尔雅音义》《玉篇》《韵会》《太平御览》等书,对大徐本加以校勘,改订了许多地方。例如:"雚,小爵也。"(雚,今作鹳,爵同雀)又如:"足,人之足也,在下,从止口。"段氏依《玉篇》改为:"……在体下,从口止。"后人以莫友芝所得唐写本《说文》木部对勘,与段氏所校颇多暗合,可见段氏的校勘是审慎的。

许慎《说文》并没有凡例(当时也没有这种习惯),段氏在注中实际上为许氏作了一些凡例,这对《说文》的读者是有很大的帮助的。现在试举重要的几条来说一说:

(1)关于分部。如:

　　一部,凡一之属皆从一。【段注】:凡云"凡某之属皆从某"者,自序所谓分别部居,不相杂厕也。

(2)关于列字次序。如:

　　一部,文五,重一。【段注】:此盖许所记也。每部记之,以得其凡若干字也。凡部之先后,以形之相近为次,凡每部中字之先后,义之相引为次,《颜氏家训》所谓櫽栝有条例也。

(3)关于说解。如:

---

① 这是依照王念孙为段注作序之年来说的。也可能书成在公元1808年之前,因为阮元在《段氏说文注订·叙》里说"书成之时年已七十"。但此书刻成则在1815年。

　　元,始也,从一,兀声。【段注】:凡言"从某,某声"者,谓于六书为形声也。凡文字有义、有形、有音。《尔雅》已下,义书也;《声类》已下,音书也;《说文》,形书也。凡篆一字,先训其义,若"始也、颠也"是;次释其形,若"从某,某声"是;次释其音,若"某声"及"读若某"是。合三者以完一篆,故曰形书也。

(4)关于声训。如:

　　天,颠也。【段注】:此以同部叠韵为训也。凡"门,闻也""户,护也""尾,微也""发,拔也",皆此例。

　　旁,溥也。【段注】:按旁读如滂,与溥双声。

　　祸,害也。【段注】:祸害双声。

(5)关于古籀。如:

　　弌,古文一。【段注】:凡言古文者,谓仓颉所作古文也。此书法后王,尊汉制,以小篆为质,而兼录古文、籀文,所谓"今叙篆文,合以古籀"也。小篆之于古籀,或仍之,或省改之,仍者十之八九,省改者十之一二而已①。仍,则小篆皆古籀也,故不更出;古籀省改,则古籀非小篆也,故更出之。一二三之本古文明矣,何以更出弌弍弎也? 盖所谓"即古文而异"者,当谓之"古文奇字"。

(6)关于"读若"。如:

　　禷,数祭也。从示,纝声,读若春麦为禷之禷(此芮切)。【段注】:凡言"读若"者,皆拟其音也。凡传注言"读为"者,皆易其字也。注经必兼兹二者,故有"读为",有"读若"。"读为"亦言"读

---

① 这是就《说文》本身而论的。实际上,自从有金文学、甲骨文学以后,这个结论不能不更改了。

曰"；"读若"亦言"读如"。字书但言其本字本音，故有"读若"，无
"读为"也。"读为""读若"之分，唐人作正义，已不能知。"为"与
"若"两字，注中时有讹乱。

段氏对《说文》还有许多阐发。现在择要加以叙述：

(1)关于引申义和假借义。《说文》只讲本义，不讲引申义。段玉
裁在注中兼讲引申义和假借义，使多义词的主要意义都有着落。如：

道，所行道也。【段注】：道之引伸为道理，亦为引道。（按：
即"引导"。）

眚，目病生翳也。【段注】：眚引伸为过误，如"眚灾肆赦""不
以一眚掩大德"是也；又为灾眚，李奇曰："内妖曰眚，外妖曰祥"
是也；又假为减省之省，《周礼》："冯弱犯寡则眚之。"

(2)关于同义词。段氏于同义词的辨析非常精到。这是段注的精
彩部分之一。很少小学家能做到这一点。如：

牙，壮齿也。【段注】：统言之，皆称齿称牙，析言之，则当前唇
者称齿，后在辅车者称牙。

祥，福也。【段注】：凡统言则灾亦谓之祥，析言则善者谓
之祥。

稻，稌也。【段注】：今俗概谓黏者、不黏者未去糠曰稻：秫
（糯）稻、秈稻、秔（粳）稻，皆未去糠之称也。既去糠则曰秫米、曰
秈米、曰秔米。古谓黏者为稻，谓黏米为稻。《九谷考》曰"……
孔子曰'食夫稻'，亦不必专指黏者言……"玉裁谓稻其浑言之
称，秔与稻对，为析言之称。

衕（巷），里中道也。【段注】：不言邑中道，言里中道者，言邑
不该里，言里可该邑也。析言之，国大邑小，邑大里小；浑言之，则
国邑通称，邑里通称。

羽，鸟长毛也。【段注】：长毛，别于毛之细缛者。

肉，截肉。【段注】：人曰肌，鸟兽曰肉，此其分别也。

饥（飢），饿也。【段注】：与饑分别，盖本古训。诸书通用者多有，转写错乱者亦有之。

（3）补充说明。有时候，段氏就许慎的说解加以补充说明，使读者懂得更加透彻。如：

购，以财有所求也。【段注】：县重价以求得其物也。汉律："能捕豺貀一，购钱百。"

血，祭所荐牲血也。【段注】：肉部曰："脾，血祭肉也。"爨部曰："釁，血祭也。"……此皆血祭之事。按，不言人血者，为其字从皿，人血不可入于皿，故言"祭所荐牲血"。然则人何以亦名血也？以物之名加之人。古者茹毛饮血，用血报神，因制"血"字，而用加之人。

假如段氏只限于为《说文》作注，那么，他的学术成就只能在许慎之下，而不能超越前人。实际上段氏是寓作于述，他的成就已经远远超出注释家的成就之上。对《说文》来说，段注可以说是青出于蓝而胜于蓝。段玉裁最大的创造表现在以下两点：

第一是敢于批评许慎。段氏的小学修养很高，他的批评和张自烈等人的批评大不相同，他的批评往往是中肯的。例如：

哭，哀声也，从吅（况袁切），从狱省声。【段注】：按许书言省声，多有可疑者，取一偏旁，不载全字，指为某字之省，若"家"之为"豭"省，"哭"之从"狱"省，皆不可信。"狱"固从㹜（语斤切，同"狺"），非从犬，而取㹜之半，然则何不取"㲉（火屋切）、独、竹（式竹切）、狱"（余蜀切）之省乎？窃谓从犬之字如狡、狯、狂、默、猝、猥、狮、狠、犷、状、獳（奴豆切，怒犬貌）、狎、狃、犯、猜、猛、犷(苦浪切,健犬也)、猲(去劫切,多畏也,同"怯")、狟(胡官切,犬行也,又威武貌,同"桓")、戾、独、狩、臭、獘、献、类、犹卅字皆从犬而移以言人,安见非"哭"本谓犬噑而移以言人也?凡造字之本意有不可得者,如"秃"之从"禾";用字之本义亦有不可知者,如"家"之从"豕","哭"之从"犬"。愚以为"家"入豕部,从豕宀,"哭"入犬部,从犬吅,皆会意而移以言人,庶可正"省声"之勉强皮傅乎!①

屦,履也。【段注】:晋蔡谟曰:"今时所谓履者,自汉以前皆名屦。《左传》'踊贵屦贱',不言履贱。《礼记》'户外有二屦',不言二履。贾谊曰'冠虽敝,不以苴履',亦不言'苴屦'②。《诗》曰:'纠纠葛屦,可以履霜。'屦舄者,一物之别名;履者,足践之通称。"按蔡说极精。《易》《诗》《三礼》《春秋传》《孟子》皆言'屦'不言'履',周末诸子、汉人书乃言'履',《诗》《易》凡三'履',皆谓践也。然则"履"本训践,后以为屦名,古今语异耳。许以今释古,故云。"(力按:段氏在这里没有明白批评许氏,但许氏"屦""履"为同义词,终属不当。段氏不肯苟同,实有批评的意义。)

第二是注意到词义的变迁。段氏之所以比别的小学家可贵,其原因之一就是他有历史发展观点,并且重视后起的词义,不惮烦地加以叙述。例如:

---

① 这个批评遭到徐承庆的严厉反驳,以为段氏"刚愎不逊,自许太过"。但是徐灏却为段氏辩护,以为"段说是也"。王筠《说文释例》也说:"凡类此者皆字形失传而许君强为之解。"

② 这句话意思是说,汉代已经以"履"为"屦"了,但是有语病,好像是说汉人已经不再用"屦"字。

　　仅（僅），材能也。【段注】：材，今俗用之"才（纔）"字也。……唐人文字，"仅"多训"庶几"之"几"，如杜诗"山城仅百层"，韩文"初守睢阳时，士卒仅万人"，又"家累仅三十口"，柳文"自古贤人才士，被谤议不能自明者，仅以百数"，元微之文"封章谏草，繁委箱笥，仅逾百轴"，此等皆李涪所谓"以'仅'为近远"者，于多见少，于"仅"之本义未隔也。今人文字，皆训"仅"为"但"。

　　代，更也。【段注】：更者，改也。《士丧礼》《丧大记》注同。凡以此易彼谓之"代"，次第相易谓之"递代"，凡以异语相易，谓之"代语"。假"代"字为"世"字，起于唐人避讳。"世"与"代"，义不同也。唐讳言"世"，故有代宗；明既有世宗，又有代宗，斯失之矣。

　　段氏就是这样极其精审地进行研究工作的。他是许氏的功臣，又是许氏的诤臣。他赶上了许氏又超过了他。正是由于段氏《说文》之学独树一帜，影响非常之大，而又不可能没有错误，所以后来匡正段氏者不止一家。阮元《段氏说文注订·叙》说："金坛段懋堂大令，通古今之训诂，明声读之是非，先成《十七部音均表》，又著《说文解字注》十四篇，可谓文字之指归，肄经之津筏矣。然智者千虑，必有一失；况书成之时年已七十，精力已衰，不能改正，而校雠之事又属之门下士，往往不参检本书，未免有误。"这是很公正的评语。而匡正段氏的人也都是尊崇段氏的人，其所以做匡正工作，实在是为了青年一代。这种学术风气是值得赞扬的。

　　段书的缺点，各家所举虽多，但是有些不但不算缺点，而且应该算是优点。例如段氏以古音十七部统九千余字，这是一个大大的优点，钮树玉反而认为是缺点，以为古无韵书，段氏不该创立韵部，他不知韵部是语言本身的系统，与韵书之有无没有关系。有些则是校雠上的错误，无关宏旨，段氏一时疏忽，后人校正一下就是了。依我们看来，段氏的较大缺点有五个：

第一，没有充分证据而擅改《说文》。例如《说文》"钤，钤镰，大犂也，一曰类枱"，段氏改为"类秜"。其理由是："枱，耒耑也，耒者，手耕曲木也，耒枱与犂之别，一以人，一以牛也。《说文》作'枱'，他书作'秜'，若秜者耑也，则当云'类耑'而已。"王筠《说文释例》批评他说："犁、秜一物也，段氏不察，而强以人、牛分之，误。"其实"秜、枱"本是一字，古文字中，从"目"从"台"是一样的。许氏强分为两字，固然不妥。但"类秜"即"耒秜"，并无错误，段氏擅改，反为不妥。又如《说文》："繼，续也，从糸𢇍，一曰反𢇍为继。"段氏改为："繼，续也，从糸𢇍。"并注云："此会意字，从糸𢇍者，谓以系联其绝也。自传写讹乱，并篆体改之，因又删𢇍篆矣。"王筠在《说文释例》中批评段氏说："段氏补𢇍篆，是也。……而改繼为繼，则大谬也。古文'绝'作'𢇍'，指事字也；反'𢇍'为'𢆶'，会意字也。小篆又加糸耳。"我们认为王筠的话是对的。有时候，他没有改正文，而是在注解中说应改。例如《说文》"壮，大也"，段注："《方言》曰：'凡人之大，谓之奘，或谓之壮。'寻《说文》之例，当云'大士也'，故下云'从士'。此盖浅人删'士'字。"段书中云"浅人所增、浅人所删"之处甚多，有许多地方都不免主观臆断，颇欠科学态度。

第二是拘泥于小篆的字式。例如"弼"字，依小篆不应从"弓"，但是隶变后已经从"弓"，照理就不必再拘泥了。而段书"弼"部的字一律避免从"弓"，写作"弼、粥"等。又如"断"字，虽然小篆写作𣂢，但是经典相承都写作"斷"，没有必要写成"𣂢"，而段书"断"字处处都写成了"𣂢"，甚至"繼"字本来小篆写作繼的，段氏也改成"繼"了。此风一开，后来章炳麟等人变本加厉，书中满纸都是一般人所不熟识的字。

其实这种字体是没有历史事实根据的:隶变以前,只有小篆,没有隶书;隶变以后,隶书并无此种写法。这样就非驴非马,令人对古代文字产生一种错误的认识。清代《说文》四大家中,只有段氏犯这个毛病,桂馥、王筠有个别地方这样做了,但是基本上仍依楷体;朱骏声就完全依照楷体了。我们认为朱骏声的做法是对的。

第三是拘泥本字。本来,汉字最初的数量是不多的,同音假借的情况最为普遍。所谓"本字",往往反而是后起的字。因此,"本字"是经典中罕见的,甚至是没有的。假使依此订改经典,那就走入魔道了。段氏不明此理,所以处处提倡"本字"。例如《说文》:"屋,居也。"段氏改为"凥也",并云:"'凥',各本作'居',误,今正。"又如《说文》:"讲,和解也。"段注:"'和'当作'龢'。"其实"龢"字在经典中是罕见的,"凥"字在经典中是没有的。我们不能凭一部字书来断定经典是经过后人妄改的。不根据现存史料而妄谈"本字",是不科学的。

第四,谈字形有穿凿的地方。例如《说文》:"厢,日在西方时侧也,从日,仄声。"段注:"此举形声包会意。隶作'昃',亦作'昗',小徐本矢部又出'昗'字,则复矣,夫制字各有意义,'晏、景、暮、旱'之日在上,皆不可易也。日在上而干声则为不雨,日在旁而干声则为晚,然则厢训为日在西方,岂容移日在上?形声之内,非无象形也。"徐灏批评他说:"形声之字固有以偏旁上下为义者,然亦有取其字体相配,不可拘墟。若如段说,'厢'训日在西方,不容移日在上,然则'晢'训为明,'晋'训为进,'晵'为昼晴,'晢'为日晞干肉,其日皆当在上,何以置于下乎?"

第五,谈引申有许多不恰当的地方。本来,段注谈引申义是很大的优点,但是,在许多地方他都滥用了引申,那又变为缺点了。例如《说文》:"莫,日且冥也。"段注:"引申之义为'有无'之'无'。"由日暮引申为无,甚为迂曲,不可信从;朱骏声以为假借为"无",那才是对的。

又如《说文》："该，军中约也。"段注："凡俗云当该者皆本此。"按"军中约"的本义已无确证，而"当该"的意义又是后起，说是从"军中约"引申而来，就十分勉强了。

总之，段书精当的地方甚多，令人惊叹；虽有缺点，终是瑕不掩瑜。在《说文》研究中，段氏应坐第一把交椅，那是毫无疑义的。

二、桂馥的《说文》研究

桂馥（1736—1806），字未谷，一字冬卉，山东曲阜人，乾隆庚戌（1790）进士。他和段玉裁同时治《说文》，"自诸生以至通籍，垂四十余年"[①]。其所著《说文解字义证》，被人认为与段著《说文解字注》相伯仲，但此书的流传远在段书之后。道光、咸丰年间，才有杨氏刻本，而又流传不广；同治九年（1870）有武昌局翻本，经张之洞为之宣传，于是段、桂才齐名。

关于段、桂的优劣，前人已有许多评论。陈庆镛在《说文解字义证·叙》中说：

> 尝谓段书尚专确，每字必溯其源；桂书尚闳通，每字兼达其委。

张之洞在《说文解字义证·叙》中说：

> 窃谓段氏之书，声义兼明，而尤邃于声；桂氏之书，声亦并及，而尤博于义。段氏钩索比傅，自以为能冥合许君之旨，勇于自信，欲以自成一家之言，故破字创义为多；桂氏敷佐许说，发挥旁通，令学者引申贯注，自得其义之所归。故段书约，而猝难通辟；桂书繁，而寻省易了。夫语其得于心，则段胜矣；语其便

---

① 语见陈庆镛《说文解字义证·叙》。

于人，则段或未之先也。其专肊古籍，不下己意，则以意在博证求通，展转孳乳，触长无方，非若谈理辨物，可以折衷一义。亦如王氏《广雅疏证》、阮氏《经籍籑诂》之类，非可以己意为独断者也。

上述陈、张二人对桂书的评语是恰当的。桂书与段书的性质大不相同：段氏述中有作，桂氏则述而不作。桂氏笃信许慎，他只是为许慎所说的本义搜寻例证。就一般情况，桂氏的义证包括两部分：第一部分举例证明某字有某义（限于本义），第二部分讨论许慎的说解。在第二部分中，或者引别的书的说解来证实许书的说解，或者引别的书所引许书以相参证，或者引别的书来补充许书。如果许慎举《诗》《书》《左传》等书为例，桂氏还注上篇名（如有异文，还注上异文）。例如《说文》："颖，禾末也，从禾，顷声。《诗》曰：'禾颖穟穟。'"桂氏《义证》说①：

《汉书·礼乐志》："含秀垂颖。"

《文选·应贞诗》："嘉禾重颖。"《思玄赋》："发昔梦于木禾，既垂颖而顾本。"

蔡邕《篆势》："颇若黍稷之垂颖。"

《小尔雅》"截颠谓之挫"，《尔雅》释文引作"截颖"。

"禾末也"者，《广韵》同，又曰穗也。李善注《魏都赋》引本书作穗也。《诗·生民》正义所引与本书同。《小尔雅》："禾穗谓之颖。"《归禾序》"异亩同颖"，郑注："二苗同为一穗。"《文选·西都赋》"五谷垂颖"，五臣注："颖，穗也。"《诗·生民》"实颖实栗"，传云："颖，垂颖也。"正义："言其穗重而颖垂也。"

"《诗》曰'禾颖穟穟'"者，《大雅·生民》文。彼作"役"，

① 原书于第二部分低一格写，现在照低一格。原书每例空一格，现在改为另起一行。

传云"役,列也",非本书义。

又如《说文》:"羖,夏羊牝曰羖。"桂氏《义证》说:

《韩子》:"叔孙敖相楚,衣羖羊裘。"

《史记·秦本纪》:"吴滕臣百里奚在焉,请以五羖羊皮赎之。"

《张奂与崔子贞书》:"仆以元年到任,有兵二百,马如羖羊。"

《寰宇记》:"扶南国出金刚,状如紫石英,以羖羊角扣之,漼然冰泮。"

《本草》:"羖羊角生河西川谷。陶云:'此羊角以青羝为佳,余不入药用也。'衍义云:'羖羊出陕西,河东谓之羖瓑羊,尤犷健,毛最长而厚。"

"夏羊牝曰羖"者,《释畜》:"夏羊牝,羖。"《释文》引《字林》:"羖,夏羊牝。"颜注《急就篇》:"羖,夏羊之牝也。"馥按:《广韵》《集韵》《类篇》《五音集韵》《字鉴》引本书并作"牡曰羖"。徐锴本及《韵谱》李焘本亦作"牡"。《通鉴》"魏世祖更定律令,巫蛊者负羖羊抱犬沉诸渊",注引本书:"夏羊壮曰羖。""壮"为"牡"之讹。《广韵》:"羖,瓑羊。"《增韵》:"羖,羊牡。"《六书故》:"羖,牡羊也。牡牛亦曰羖牛,犹羖羊亦曰牝羊也。"《易·大壮》"羝羊触藩",《释文》:"张云,羖羊也。"《诗·宾之初筵》"俾出童羖",传云:"羖,羊不童也。"笺云:"羖羊之性,牝牡有角。"《尔雅翼》:"羖音通于牯,故《本草》'羖羊'条注称'牯羊','牯'乃牡之名。"馥按:"羯"曰"羖犗",何得为牝?

桂书的最大优点是材料丰富,例证对于字义的说明非常重要,惟有例证丰富,然后字的真正含义才能清楚,从例证中还可以证明词义的时代性。桂氏的例证取材甚广,经史子集,无所不包。以一人的精力成此巨著,实在是难能可贵。这是一部非常有用的材料书,与段书相得益彰。

由于桂书是一部材料书,所以有人轻视它,以为堆积材料,不算研究。其实桂馥并不是没有主见的人,试看"殺"字一例便知。而且他的材料也不是随便堆积的,而是有选择、有次序、有条理的。王筠善《说文解字义证·附说》引王筠的话说①:

> 桂氏征引虽富,脉络贯通,前说未尽,则以后说补苴之;前说有误,则以后说辨正之。凡所称引,皆有次第,取足达许说而止,故专胪古籍,不下己意也。读者乃视为类书,不已眯乎!

可见桂书和一般的材料书还是有区别的。

《说文解字义证》有一个明显的缺点,那是它的目的所决定的,桂氏先认定许书所讲都是对的,必须为它找出一些例证来,如果许慎讲错了(至少是没有确证),桂氏所找的例证一定是勉强牵合的。例如《说文》:"为,母猴也。"桂氏说:"母猴也者,陆机云'楚人谓之沐猴',馥谓'沐、母'声近。"按:"沐、母"声近并不能证明"为"训母猴。又如《说文》:"殿,击声也。"桂氏说:"馥按,击声者,所谓呵殿也。"按:呵殿与击声相去尚远,无法牵合。可见墨守许说是会陷于谬误的。

段氏、桂氏对后来研究《说文》的人影响很大。朱骏声受段氏的影响较多,王筠受桂氏的影响较多。

---

① 引自王筠《说文释例》自序。

第二节　《说文》的研究（下）

一、朱骏声的《说文》研究

朱骏声（1788—1858），字丰芑，号允倩，江苏吴县人，他是钱大昕的门生。朱氏于学无所不窥，精于天文数学，又擅长词章，但是他的毕生精力，主要用在他所著的《说文通训定声》上。《说文通训定声》共十八卷，书成于道光十三年（1833），刊于同治九年（1870）。

书名《说文通训定声》，表示其中包含着三个内容：第一是说文；第二是通训；第三是定声。现在根据朱氏自己在《说文通训定声》卷首所述，说明其大意如下：

（1）所谓"说文"，是以许慎《说文解字》的内容为基础而加以补充并举例。许书讲的是本义（朱氏叫做本训），朱书这一部分也讲的是本义。这是六书中的四书：即象形、指事、会意、形声。象形、指事谓之"文"，会意、形声谓之"字"。这里单举"说文"，也就包括"解字"在内了。有时候，还讲一种别义。别义就是另一个本义，即《说文解字》的"一曰"。也有一些别义是《说文解字》所没有提到的。

（2）所谓"通训"，讲的是转注、假借。这是朱书最精彩的部分，也是他所最着重的部分。他所讲的转注、假借，与许书不同。许慎说："建类一首，同意相受，考老是也。""本无其字，依声托事，令长是也。"朱骏声说："转注者，体不改造，引意相受，令长是也；假借者，本无其意，依声托字，朋来是也。"依照朱氏的定义，转注就是引申，假借则是同音通假，包括叠字（朱氏称为重言形况字）、连绵字（朱氏称为连语）与专有名词（朱氏称为托名幖识字）在内。有时候还讲到声训。声训也算是假借之类。朱氏以为《说文解字》和《尔雅》都没有讲转注、假借，他自己就负起责任，"专辑此书，以苴《说文》转注、假借之隐略，以稽群经子史用字之通融"①。

（3）所谓"定声"，就是把文字按古韵分类。六书之中，形声之字，十居其九。本书把许氏《说文》五百四十部拆散了，舍形取声，共得一千一百三十七个声符（朱氏称为声母），归纳成为十八部②。这样做的目的是"以著文字声音之原"，"证《广韵》今韵之非古"。

说文、通训、定声，实际上是包括字形、字义与字音。说文部分主要是说明字形与字义、字音的关系，而以字形为主；通训部分专讲字义（词义）的引申和假借，使读者能观其会通；定声部分则以上古韵文的用韵来证明古音。凡同韵相押叫做古韵，邻韵相押叫做转音。

现在举出四个例子，看看朱氏是怎样处理他所收集的材料的：

　　蕃𡏲𦿚　草茂也。从艸，番声。籀文从𦯩（莽）。《书·洪范》："庶草蕃庑。"传："滋也。"《诗·驺虞》序："庶类蕃殖。"《椒聊》"蕃衍盈升"，亦叠韵连语。〔转注〕《周礼·大司徒》："以蕃鸟兽。"注："蕃，蕃息也。"又"九曰蕃乐"，杜读为藩。《易·晋》："用锡马蕃庶。"释文："多也。"《左·僖廿三传》："其生不蕃。"注："息也。"《汉书·吾邱寿王传》："此盗贼所以蕃也。"注："盛也。"〔假借〕为"藩"。《易·晋》"蕃庶"，郑注："藩遮禽也。"《晋语》："以蕃为军。"注："篱落也。"又《周礼·大行人》："九州之外谓之蕃国。"《大司马》："又其外方五百里曰蕃畿。"又为"輀"。《太玄》："积至于蕃也。"注："车耳也。"《严举碑》："位至蕃车。"又为"繁"。《礼记·明堂位》："周人黄马蕃鬣。"《释文》"赤也"，非。

---

① 语见朱骏声上《说文通训定声》的奏折。

② 十八部的名称是：丰升临谦颐孚小需豫随解履泰乾屯坤鼎壮。这些名称都采自《易经》的卦名。"孚"是"中孚"的简称，"小"是"小畜"或"小过"的简称，"壮"是"大壮"的简称。

又《上林赋》："弯蕃弱。"又为"变"。《汉书·成帝纪》引《书》"于蕃时雍"。又为"蘋"。《西山经》："阴山，其草多茆蕃。"注："青蕃。"又为"服"。《北山经》："涿光之山，其鸟多蕃。"注："即鹛也。"蕃、鹛双声。又托名幖识字。汉鲁国蕃县，《左·襄四传》注作"番"。〔古韵〕《诗·崧高》叶翰蕃宣。

逝　往也。从辵，折声。读若誓。《广雅·释诂一》："逝，行也。"《诗·东门之枌》："谷旦于逝。"《论语》："君子可逝也。"又："逝者如斯夫。"皇疏："往去之辞也。""日月逝矣。"皇疏："速也。"《诗·谷风》："无逝我梁。"传："之也。"《十亩之间》："行与子逝兮。"笺："逮也。"《韩诗·有杕之杜》："逝肯适我。"传："及也。"〔转注〕谢宣远诗："逝者如可作。"注："谓死也。"〔假借〕为"誓"。按，《诗·硕鼠》"逝将去汝"，《日月》"逝不古处"，《桑柔》"逝不以濯"，皆要约之辞。〔古韵〕《诗·抑》叶舌逝。《车辖》叶辖(辇)逝渴括。《二子乘舟》叶逝害。《十亩之间》叶外泄逝。《蟋蟀》叶逝迈外蹶。《楚辞·湘夫人》叶裔澨逝盖。《高唐赋》叶斾盖逝会害逮滞。《诗·谷风》叶逝发阅，句中韵。

氛　祥气也。从气，分声。或从雨。《左·襄廿七传》："楚氛甚恶。"《昭二十传》："梓慎望氛。"注："气也。"《楚语》："台不过望氛祥。"注："凶气为氛。"《汉书·元帝纪》："氛邪岁增。"注："恶气也。"《思玄赋》："氛旄容以天旋兮。"注："氛气为旄也。"《西京赋》："消雰埃于中宸。"注："尘秽也。"〔转注〕《礼记·月令》："雰雰宾宾。"《素问·六元正纪大论》："寒氛结为霜雪。"注："寒气曰氛也。"〔假借〕重言形况字。《诗·信南山》："雨雪雰雰。"《白帖》引作"纷纷"，亦同。《楚辞·怨思》："雪雰雰而薄木兮。"《悲回风》："漱凝霜之雰雰。"《广雅·释训》："雰雰，雨也。"〔声训〕《释名·释天》："氛，粉也，润气著草木，因寒冻凝，色白若粉之形也。"〔古韵〕《诗·信南山》叶云雾。《楚辞·惜诵》叶颠天雾①。〔转音〕《楚辞·悲回风》叶雾湲②。

　　紟紷鎎　衣系也。从糸，今声。籀文从金声。字亦作"綌"。《礼记·内则》："紟缨綦屦。"注："犹结也。"字亦以"衿"为之。"衿"者"裣"之俗，与"衾"别。《仪礼·士昏礼记》："毋施紟结悦。"谓系佩带也。《汉书·扬雄传》："衿芰茄之绿衣兮。"注："带也。"《荀子·非十二子》："其缨禁缓。"以"禁"为之。《礼记·玉藻》："绅鞸结三齐。"以"结"为之。"紟""结"一声之转。〔别义〕《仪礼·士丧礼》："绤绤紟衾二。"注："单被也。"《礼记·丧大记》："布衿。"皇氏曰："禅被也。"〔声训〕《释名·释衣服》："紟亦禁也，禁使不得解散也。"

　　朱书的最大贡献在于全面地解释词义。朱氏突破了许氏专讲本义的旧框子，进入了一个广阔的天地。如果说桂馥是述而不作，段玉裁是寓作于述，那么，朱骏声则是"似因而实创"③。表面上，他是遵循《说文》的道路，实际上，他是要做许慎所没有做的、而又应该做的事情。关于转注与假借的定义，他做了一个大翻案，实际上是批判了许慎。本来，六书之中，转注是最难懂的，诸家众说纷纭，莫衷一是，都是拘泥于许氏"建类一首，同意相受"八个字的定义，以及"考老"两个例字。朱氏大胆地推翻许说，也就不再有任何葛藤。六书只是后人对文字的分类，并不是初民先立下六书的原则来造字的；何况六书定义只

① 朱骏声在这里有两事弄错了：第一，《惜诵》没有叶颠天雾的事（"颠"字条说《天问》叶颠天雾亦误），只有《悲回风》叶颠天湲，但依照段玉裁则颠与天叶，雾与湲叶。第二，即使叶颠天雾，也应认为转音，不应认为古韵（"颠"字条亦误，"天"字条不误）。这是朱氏的疏忽。

② "湲"当作"媛"。

③ 语见谢增《说文通训定声·跋》。

有许慎一家，未必就是天经地义。朱骏声的翻案，自可另成一家之言。但是，主要问题并不在于转注与假借的定义；朱氏的卓见在于认识到引申义与假借义的重要性。一词多义，是语言中常见的事实；《说文》只讲本义，对于多义词来说，那是很不全面的。当然，《说文》是讲字形的书，专讲本义是应该的，而且是足够了的。但是，我们还需要一部全面地讲词义的书，《说文》不能满足这个要求。如果要叙述多义词的各种意义，就非叙述引申义和假借义不可。朱氏说："夫叔重万字，发明本训，而转注假借则难言；《尔雅》一经，诠释全《诗》，而转注假借亦终晦。欲显厥旨，贵有专书。"既然是一部专书，那就不是为《说文》服务的，而是与《说文》分庭抗礼的。

"说文"是转注的基础。如果不先讲本义，则引申义无从说明。有些引申义是很好懂的，例如市廛的"市"引申为买的意义。有些引申义比较曲折难懂，但仍然是可信的，例如牙齿的"齿"引申为年龄的意义。朱氏引《礼记·曲礼》"齿路马有诛"注"数年也"，加上一句按语说："数马之年视其齿。"可见齿和年龄是有关系的。

"定声"是假借的基础。清代有成就的小学家如段玉裁、王念孙等，都知道摆脱字形的束缚从声音上观察词义的会通。朱骏声更进一步，把汉字从字形排列法改为韵部排列法。这里并不是检字法的问题，而是整个学术观点的改变。所谓假借，并不是乱借，而是同音相借，或者是双声相借、叠韵相借。谈到双声叠韵，必须以古音为准。古韵的研究成果较好，所以朱书按古韵部来分类。凡假借，如果是叠韵，就不必说明是叠韵了；如果是双声，还要说明是双声。例如朱氏以为"堪"字假借为"戡"、为"任"（实为"壬"）、为"媅"、为"甚"、为"坎"。"堪"与"戡、任、壬、媅、甚"都属于古音临部，故可通假。"坎"属古音谦部，邻韵相通，所以朱氏加一句说"堪、坎"声近（其实"堪、坎"也是双声）。又"覃"字假借为"延"，朱氏说"覃、延双声"，这是古双声，因为"延"字属喻母四等，上古音被认为属定母。又"革"字假借为"改"、为"更"，朱氏说："'改、革、更'一声之转。"凡言"一声之转"也都是双声。由此我们可以看出：清儒之所以研究古音，并非单纯为了古音学本身的兴趣，同时也是为了训诂。对于朱骏声来说，应该说是训诂更重要些。如果说"定声"是为了"通训"，也不算是过分的。

无征不信，所以朱骏声每下一个定义，一定要有真凭实据。所谓真凭实据，第一是例证，第二是故训（前人的训诂），而后者尤为重要。他把经史子集的故训都搜罗了，其丰富可比阮元主编的《经籍籑诂》，但是《经籍籑诂》只是一堆材料，而《说文通训定声》则对故训加以系统化；哪些是本义，哪些是别义，哪些是转注，哪些是假借，哪些是声训，都区别清楚，这才是科学研究，而不是材料的堆积。

《说文通训定声》实在够得上"博大精深"四个字。上节称赞段玉裁在《说文》研究上应该坐第一把交椅；而朱骏声则在词义的综合研究上应该坐第一把交椅，他的主要贡献不在《说文》的研究上，而在全面地研究了词义。

跟段玉裁一样，博大精深的朱骏声也不能没有缺点。现在把他的主要缺点说一说：

第一，朱氏对于假借，认识还欠正确。许慎所谓"假借者，本无其字，依声托事，令长是也"，"令、长"二字作为例证虽然不妥，但是"本无其字，依声托事"的定义却是对的。朱氏改为"本无其意，依声托字"，表面看来和许氏的定义没有出入，实际上朱氏是肯定"本有其字"的。除了连语、重言形况字、托名幖识字以外，朱氏以为凡假借都是有其本字的。例如《论语》"舍之则藏"，《释文》"放也"，朱氏以为"舍"字假借为"捨"。《诗·桑柔》"进退维谷"，传"穷也"，朱氏以为

"谷"字假借为"豰"（音鞠）①。我们的意见正相反：在造字的初期，文字的数量一定比较小，同音假借常常是本无其字②。所谓"本字"或"正字"，反而是后起的现象。例如"求"古文作㳾，本象裘形，后人加"衣"作"裘"，变为形声字，我们不该认为"裘"是"求"的本字。朱氏以"求"为"裘"的本字，是说对了；但是他说"求索"的"求"，本字作"捄"，却又错了。我们以为在远古时代，"求"字一身兼两职，不管是"裘衣"的"裘"、"求索"的"求"，一律写作"求"。同样，"舍"字在上古时代也一身兼两职（至少），不管是"房舍"的"舍"、"捨弃"的"捨"，一律写作"舍"。朱氏在"捨"字下面说："经传皆以'舍'为之。"既然经传都写作"舍"，可见"舍"是本字，"捨"是后起的形声字，何必迷信许慎，硬说"捨"是本字呢？当然，这种错误不是朱骏声一个人犯的，而是《说文》家的通病；但是，我们责备贤者，朱骏声有着大胆革新的精神，而于本字这一点上想不通，则是很可惜的。有时候，还很难肯定哪一个字是本字，例如"豰"字这样生僻，朱氏主观地认为它是"进退维谷"的"谷"本字，实际上是不是这样，无从证实。即使反过来说"谷"是"豰"的本字，也还是靠不住的。再举一个例子来看，《说文》："载，乘也。"朱氏说假借为年的意义，那是完全正确的，但是说"年载"的"载"本字是"莳"，那只是一种大胆假说，谁也不会相信。段玉裁说"年载"的"载"为"才"的假借，同样是不可信的。朱氏还说"態"是"才能"的"能"的本字，更不可信。总之，必须打破本字的观点，然后才能走上康庄大道。

　　许慎以"本无其字，依声托事"为假借的定义，是正确的。段玉裁

说:"假借之始,始于本无其字。……以许书言之,本无'难、易'二字,而以'难鸟、蜥易'之字为之,此所谓无字依声者也。"可见段氏还承认有些假借字是本无其字的。到了朱骏声,他把假借的定义改为"本无其意,依声托字,'朋来',是也"。他认为假借必有本字,于是认为朋友的"朋"本字是"佣",往来的"来"本字是"麥",菽麦的"麥"本字是"來",困难的"难"本字是"艰"、是"蹇"、是"悍",容易的"易"本字是"歝",改易的"易"本字是"傷"。诸如此类,不胜枚举。穿凿附会,到了极点。这是朱氏的最大错误,必须指出。

第二,朱书对于转注、假借、别义、声训之间的界限,是划分得不够清楚的。主要还是本字的观念作怪。例如"狗"字别义栏引《尔雅·释兽》"熊虎丑,其子狗",并说:"字亦作豿。"这本来应该归入假借一栏的,只因《说文》没有"豿"字,不好说"狗"是"豿"的假借,就只能算作别义了。又如"屋"字转注栏引《周礼·司烜氏》"邦若屋诛"注"谓'夷三族'",并说字亦作"剭",这也应该归入假借一栏,只因《说文》不载"剭"字,不好说"屋"是"剭"的假借,就只能算作转注了。其实本义之外,只有两种情况:一种是字不改造,同意相受,这是朱氏所谓转注,我们所谓引申;一种是"本无其字,依声托事",这是我们所谓假借,与许、朱都不相同(许举例不当,朱定义不当)。朱氏所谓别义,其实就是一种缺乏本字的假借。实际上,我们认为所谓本字在多数情况下不是后起字,就是硬指的本字,所以别义与假借不该分为两类。至于声训,如果是有道理的,就应该归入转注或假借,如果是向壁虚造的,就可以不管它了。

第三,朱氏对于《说文》的修订,有些地方不妥当。特别突出的是关于省声的理论。例如《说文》:"宋,居也,从宀,从木,读若送。"朱氏加按语说:"按,松省声。"又如《说文》:"娄(婁),空也。从毋中女,空之意也。"朱氏加按语说:"按,毋,无也。中女者,离中虚之象,或曰:当从毌从口会意，嫱省声。"我们以为省声之说常常是主观臆测的结果，段玉裁批评许慎的话是对的。朱骏声变本加厉，常常在字形不好解释的时候依靠"省声"来解决，在研究方法上是错误的。

《说文通训定声》虽然存在着一些缺点，但是朱骏声在中国语言学史上的巨大贡献是应该肯定的。这一部书对今天我们研究古代汉语的人来说，仍然是很有用的。

二、王筠的《说文》研究

王筠（1784—1854），字贯山，号篆友，山东安丘人，道光元年（1821）举人。他的著作有《说文释例》（1837）、《文字蒙求》（1838）、《说文解字句读》（1850）。

王筠研究《说文》，着重在整理的工作。在王筠的时代，段玉裁、桂馥两大家的《说文》之学，已经享有盛名。桂书卷帙繁重，非常难得，段书则流传已经三十年，读者受益很大，但是段氏往往师心自用，擅改《说文》，这一点也为人们所不满。王筠所推崇者，有严可均（《说文校议》的作者）、段玉裁、桂馥三人。他在他们的成就的基础上，再提高一步，也就斐然可观。

《说文释例》成书较早，而创见也较多。此书是阐明许书的体例的。工作做得很细很好。

《说文解字句读》本为初学《说文》而作，王氏在序里说：

> 惟既创为通例（指段氏书），而体裁所拘，未能详备。余故辑为专书（指《说文释例》），与之分道扬镳，冀少明许君之奥旨，补懋堂所未备，其亦可矣。道光辛丑（1841），余又以《说文》传写多非其人，群书所引有可补苴，遂取懋堂及严铁桥、桂未谷三君子所辑，加之手集者，或增、或删、或改，以便初学诵习。故名之曰"句

读",不加疏解,犹初志也。

后来有朋友劝他索性兼采诸家之长,作为自己的意见说出来,也就是每字都加自己的解释,他接受了这个意见。他在凡例中说:

> 此书之初辑也,第欲明其句读而已。已及三卷,而陈雪堂、陈颂南迫使通纂,乃取《说文义证》《说文解字注》,删繁举要以成此书。其或二家说同,则多用桂氏说。以其书未行,冀少存其梗概;且分肌擘理,未谷尤长也。惟两家未合者,乃自考以说之,亦不过一千一百余事。惟是二家所引,检视原书或不符,此改旧文以就已说也。然所引浩如烟海,统俟它日复核之。

由此看来,王氏还是有述有作:所述者只有严、桂、段三家,主要是桂、段二家,而特别推崇桂氏,以为"分肌擘理,未谷尤长";所作者一千一百余事,也不算少了。

《文字蒙求》是为儿童初学文字而编写的。王筠在序中引他的朋友陈雪堂的话说:"人之不识字也,病于不能分;苟能分一字为数字,则点画必不可以增减,且易记而难忘矣。苟于童蒙时先令知某为象形,某为指事,而会意字即合此二者以成之,形声字则合此三者而成之①,岂非执简御繁之法乎?"他以此为原则,写成《文字蒙求》四卷:卷一讲象形,卷二讲指事,卷三讲会意,卷四讲形声。形声字只拣一些难懂的来讲。不但对于儿童,就是对于一般学习文字的人来说,《文字蒙求》也是一部很好的入门书。当然,王筠讲字形也不免有一些错误,但是大致是可用的。

王筠的研究《说文》,虽然主要在于整理,但是他在字形、字义方

---

① 这两句话有语病。王氏的意思是说,会意字是象形或指事(二者)的合体,可以是象形字加象形字、指事字加指事字、象形字加指事字等。形声字是象形、指事或会意(三者)的合体,但其中有一部分已经变为声符。

面，也有一些创见。例如第一章第四节所述，王筠以为"甘"字不是许慎所谓"从口含一，一，道也"，其中的"一"只是象所含之物，是以会意定指事（见《释例》和《蒙求》）。这在字形解释上就比许慎高明。下面再举两个关于字义的例子：

> 维，车盖维也。《句读》：《考工记》"轮人为盖"，未尝言"维"；而曰"良盖弗冒弗纮"，盖"纮"即维也。"纮"下云"冠卷维也"，则"维、纮"同意。《释天·旌旗章》曰"维以缕"，郭注引《周礼》："六人维王之大常。"按，见《夏官·节服氏》注："维，维之以缕。王旌十二旒，两两以缕缀连，三人持之。"①按，两两缀连，则是横维之。是知盖之维，所以维其弓也，今之伞固然。《淮南子·原道训》高注："小车盖四维，谓之纮绳。"②

力按：段注："车盖之制，详于《考工记》，而其维无考。许以此篆专系之车盖，盖必有所受矣。"可见段氏还不能说明许氏原意。桂氏《义证》也只说："辕，盖弓也，维谓系盖之绳也。"仍然讲不透。王筠以"纮"即"维"，问题才搞清楚了。

> 底，山居也，一曰下也。《句读》以为"下也"的"底""即高低之'低'"。

力按：段注以为"山居"应改为"止居"，王氏同意了；段氏于"下也"一义注云"下为底，上为盖，今俗语如是，与前一义相足"，王氏没有依照他。看来王筠是对的，大约汉代已有"低"字，写作"底"，所以许慎以当代的词义解释它。

---

① 郑注作"旁三人持之"。《句读》脱"旁"字。
② 《淮南子·原道训》："纮宇宙而章三光。"高诱注："纮，纲也。若小车盖四维，谓之纮绳之类也。"

《说文》四大家当中，王筠是唯一注意文字学的普及工作的。不但《文字蒙求》是很好的一部入门书；即以《释例》《句读》而论，也是比较适宜于初学的。我们在评价王氏在语言学上的贡献时，应该充分估计到这一点。

第三节 古文字学

古文字学的研究，从宋代就开始了，因为当时影响不大，所以留到这里一并叙述。古文字学的极盛时期在清亡以后。我们之所以不放在最后一章叙述，因为最后一章讲的是洋为中用，而古文字学则主要是中国原来的学问，没有受到（至少是没有明显地受到）西洋学术的影响。

古文字大致可分为金文和甲骨文两大类，金文是古铜器上的文字。关于古铜器，很早就有人研究。宋代，欧阳修的《集古录》、赵明诚的《金石录》等，都是研究铜器的，但是没有把器上的文字加以研究。真正研究金文的，始于宋薛尚功的《历代钟鼎彝器款识法帖》。当时的金文研究还是很粗疏的。甲骨文的发现在公元1899年，这是新的发现，所以甲骨文的研究是一门新兴的学问。金文的出土，清代比宋代多了十倍以上，清高宗敕编《西清古鉴》等书，促进了金文的研究。由于甲骨文的出土，与金文互相印证，清末到现代学者们对金文的研究，大大地超过了前人。最近八十多年来，是甲骨文、金文勃兴的时代，也是古文字学最发达的时代。

自从甲骨文出土以及金文大量发现以后，汉字字形的研究跨进了一个崭新的时代，学者们的眼界放宽了，不再墨守着一部《说文解字》不敢越雷池一步了。一方面，《说文》说对了的地方，甲骨文、金文再加一层佐证；另一方面，《说文》说错了的地方，甲骨文、金文也给它来一个反证。出土的文物是最忠实的证据，我们今天掌握了这两份宝贵材料,在古文字的研究上比前人幸运多了。

一、甲骨文的研究

据胡厚宣先生的《五十年甲骨学论著目》,从公元 1899 年到公元 1949 年,五十年之间,中外学者研究甲骨文者共二百八十九人,中国占二百三十人。他们写成的专著、论文、报告等,共有八百七十六种。主要的著作有孙诒让的《契文举例》《名原》,罗振玉的《殷虚贞卜文字考》《殷虚书契考释》,王国维的《戬寿堂所藏殷虚文字考释》,王襄的《簠室殷契类纂》,叶玉森的《殷虚书契前编集释》①,商承祚的《殷虚文字类编》,郭沫若的《甲骨文字研究》《卜辞通纂》《殷契粹编》等。

甲骨文字本身的研究,实际上是对三千年前的祖国文字进行识字的工作。现存的甲骨文单字有三千个左右,直到今天为止,被认识的不到一半。但是,时代距离那样远,能认识千字以上已经是很大的成绩。甲骨文专家们是怎样研究甲骨文而达到识字的结果的呢? 大致说来,有这样的几个原则:

(1)以《说文》为证。例如“宁”(古“贮”字),《说文》作㫪,甲骨文作㘞,就知道是“宁”字。又如“凤(鳳)”,《说文》作鸞,从鸟,凡声;古文作㲋、㲋二形。甲骨文作㲋,与㲋相似;又作㲋,正是从凡。

(2)与金文互证。例如“锡”,金文作㱿、㱿等,甲骨文正作㱿、㱿等。又如“车”字写法很多,其中有一种,在金文作㲋,在甲骨文作㲋,都是象轮毂辕轭之形。当然也有既以《说文》为证,同时又以金文互证的。

(3)从甲骨文本身归纳。这是一个科学的有效的方法,甲骨文专家们经常使用这个方法。例如“甲”字,《说文》作㲋,但是甲骨文一律

---

① 《殷虚书契前编》是罗振玉所编。

作十①,没有作甲的。又如"丁"字,《说文》作个,但是甲骨文作▼,或者是作▭②,没有作个的。又如"十"字,《说文》作十,那是甲骨文的"甲"字;在甲骨文中"十"字一律写作丨。归纳的方法适用于出现频繁的字,材料越丰富,可信的程度越高。

(4)从字的形象来判断。例如甲骨文有此、此、此都象一只手按着一个人让他跪下,所以罗振玉断为"抑"字。"抑"在《说文》写作抑(重文作抑),以为从反印(隶作归),其实是不对的。又如人就食为"即"即,食毕返身而去为"既"既,两人相向对食为"卿"卿,也都是从形象来判断的。

(5)从文化史上来考证。例如"宫"字,甲骨文作宫、作宫,因为远古穴居,宫象连环穴。《说文》所谓"宫,从宀躳省声",那是附会的说法。又如《说文》"玉"字下云"象三玉之连,丨其贯也",说得很对。但是,既然是贯,自然可以露出两端,因此,我们可以推知甲骨文中的玉也是"玉"字,珏则是"珏"字了(参看王国维的《说珏朋》)。

研究甲骨文的,这里重点叙述罗振玉、王国维和郭沫若三个人。

罗振玉(1866—1940),字叔言,号雪堂,浙江上虞人。在甲骨发现的初期,罗振玉所藏的最多。他从他所收藏的甲骨里,选出了三千多片,拓墨影印,成为《殷虚书契前编》二十卷(1910),后来重编为八卷(1912)。《殷虚书契后编》两卷出版于公元1916年,《殷虚书契续编》六卷出版于公元1933年。又有《殷虚书契菁华》(不分卷),出版于公元1914年。他的甲骨文研究,则有《殷虚贞卜文字考》(1910),《殷虚书契考释》(1914)等。对于甲骨文的搜集、著录和流传,罗氏的贡献最大。在研究方面,罗氏也有许多很好的见解。一方面是由于他掌握的

---

① 据罗振玉说,"甲"字在甲骨文中还有写作田的。

② 据罗振玉说,"丁"字在甲骨文中还有写作口或口的。

材料多;另一方面,他的研究方法也有值得肯定的地方。第一章第四节里所举的"行、为"二字,本节里所举"宁、凤(鳳)"等字,都是罗氏的创见,这里不再举例了。

这里顺便提及商承祚的《殷虚文字类编》,这书主要是依照罗振玉的说法,少数地方加入著者自己的见解。由于它是分类编纂的,给予读者很大的便利。

王国维(1877—1927),字静安,又字伯隅,号观堂,浙江海宁人,曾任清华大学研究院教授。他早年治哲学,中年转攻文学,所著有《宋元戏曲史》《人间词话》等。中年以后,又治古文字学及历史。他的文集有《观堂集林》和《海宁王忠悫公遗书》等。

王氏和罗氏都是封建时代的人物,但是王氏具有现代科学的头脑,他眼光比较敏锐,思虑比较周密,成就更为突出。罗氏的古文字学,实际上受他的影响。《观堂集林》分为艺林和史林;艺林部分就是关于文字、音韵、训诂三方面的研究。这里只讲他在甲骨文方面的成就。

现在试举两个例子:

《释物》　卜辞云"丁酉卜即贞后祖乙,古十牛四月",又云"贞后祖乙古物四月",又云"贞賣十勿牛"。前云"古十牛",后云"古物",则"物"亦牛名;其云"十勿牛",亦即物牛之省。《说文》:"物,万物也。牛为大物,天地之数起于牵牛,故从牛,勿声。"按,许君说甚迂曲。古者谓杂帛为"物"[①],盖由"物"本杂色牛之名,后推之以名杂帛。《诗·小雅》曰"三十维物,尔牲则具",传云:"异毛色者三十也。"实则"三十维物"与"三百维群、

---

① 杂帛为物,见于《周礼·司常》注、《仪礼·士丧礼》注、《仪礼·乡射礼记》注;又见于《释名·释兵》。

九十其犉"句法正同,谓杂色牛三十也。由杂色牛之名,因之以名杂帛,更因以名万有不齐之庶物,斯文字引申之通例矣。"①

《释礼(禮)》 《说文·示部》云:"礼,履也,所以事神致福也,从示,从豊,豊亦声。"又《豊部》:"豊,行礼之器也,从豆,象形。"按,殷虚卜辞有豐字,其文曰:"癸未卜贞酺豐。"古玨珏同字,卜辞珏字作丰、羊、羊三体,则豐即豊矣。又有珏字及珏字,珏、珏又一字。卜辞冊字或作冊,其证也。此二字即小篆豊字所从之曲。古𠙴、𠙴一字,卜辞"出",或作𠱃,或作𠱃,知曲可作珏、珏矣,豊又其繁文。此诸字皆象二玉在器之形。古者行礼以玉,故《说文》曰"豊,行礼之器",其说古矣。惟许君不知玨即珏字,故但以从豆象形解之,实则豊从珏在𠙴中,从豆乃会意字而非象形字也,盛玉以奉神人之器谓之曲若豊②,推之而奉神人之酒醴亦谓之醴,又推之而奉神人之事通谓之礼。其初当皆用曲若豊二字;其分化为醴、礼(禮)二字,盖稍后矣。③

王氏的见解精辟,于此可见一斑。

郭沫若(1892—1978),字鼎堂,四川乐山人。他是文学家、历史学家,同时又是古文字学家。关于甲骨文方面的著作,有《甲骨文字研究》(1931,1962年修订再版)、《殷契余论》(1933)、《卜辞通纂》(1933)、《殷契粹编》(1938)等。在他的历史学论著中,也常常谈到甲骨文和金文。

郭氏颇多新颖之说,有些问题还是有争论的,但是不失为一家之言。郭氏在罗、王之后,容易认识的字差不多都肯定下来了,对于比较

---

① 《观堂集林》第1册,287页,中华书局1959。

② 豊,隶作豊,卢启切,不是豐字。

③ 《观堂集林》第1册,290—291页,中华书局1959。

难认的字大家的意见不容易一致，那是很自然的事。但是，郭氏每一种见解，都是值得我们重视的。

郭氏的最大特点是能联系社会发展史来研究甲骨文字。现在试举几个例子：

释辰　辰乃耕具（说详《甲骨文字研究》辰字下）。卜辞中辰字变体颇多，然其最通用者为 🔲 或 🔲。农字所从者亦均是此形。🔲 即石字，卜辞磬字作 🔲 从此作，象形（王国维有此说，见《戠释》18 页》。磬为石器，故知辰必为石器。殷代文字还在创造的途中，其象形文字所象之物必为当时所实有。辰既象石器之形，则当时耕具犹用石刀，当可断论。①

释坴　坴字象双手在土上操作之形，应该就是许慎《说文解字》的圣字②，象只手在土上操。许慎说："汝颍之间谓致力于地曰圣，从土从又。读若兔窟。"③

释犁（犂）　殷人已经发明了牛耕。卜辞中有很多犁字，作 🔲 或 🔲，🔲 即象犁头，一些小点象犁头启土，辔在牛上自然就是后来的犁字。这可证明殷代是在用牛从事耕种了。④

释众（衆）　卜辞"众"字作"日下三人形"，如 🔲 或 🔲，象多数的人在太阳底下从事工作⑤。……殷末周初称从事耕种的农夫为"众"或"众人"，正象农民在日下苦役之形……⑥

---

① 郭沫若《中国古代社会研究》234 页，人民出版社 1954。
② 圣，苦骨切，音窟。
③ 郭沫若《奴隶制时代》7 页，科学出版社 1956。
④ 郭沫若《奴隶制时代》7 页，科学出版社 1956。参看郭沫若《古代铭刻汇考续编·释勿勿》（此文又收入《甲骨文字研究》1963 年改写本）。
⑤ 郭沫若《奴隶制时代》9 页，科学出版社 1956。
⑥ 郭沫若《奴隶制时代》66 页，科学出版社 1956。

这种观点是罗、王二氏所不可能有的。即使有些地方还未能成为定论,但总的方向是正确的。

二、金文的研究

金文与甲骨文都是古文字,因此,古文字学家一般总是兼通甲骨文和金文的。在甲骨文未出现以前,金文的研究早已开始了。宋代的薛尚功不值得去叙述,清代吴大澂的《说文古籀补》倒是值得一叙的。

吴大澂(1835—1902),字清卿,号恒轩,江苏吴县人,同治进士。著有《愙斋集古录》《说文古籀补》《恒轩金石录》等。

《说文古籀补》刊于光绪九年癸未(1883)。如书名所显示的,吴大澂想要根据金文来补充许慎《说文》所不及。书中有许多精到的见解,在甲骨文没有出土以前,能做到这个地步是难得的。试举几个例子:

> 释帝　帝,金文作帝、帝、帝等。吴大澂说:"如花之有蒂,果之所自出也。"力按:以甲骨文帝、帝等证之,"帝"确是"蒂"的本字①。

> 释旦　《说文》:"旦,明也,从日见一上,一,地也。"金文旦字作旦,吴大澂说:"象日初出未离于土也。"力按:由此可见小篆从古文演变的痕迹。

吴大澂以外,关于金文的著录,有罗振玉的《殷文存》《贞松堂集古遗文》《贞松堂吉金图》,容庚的《颂斋吉金图录》《海外吉金图录》,刘体智的《善斋吉金录》,郭沫若的《两周金文辞大系图录》等。关于金文的研究,有王国维的《史籀篇疏证》以及《观堂集林》中有关金文的论文,林义光的《文源》,刘心源的《古文审》,郭沫若的《金文丛考》

---

① 王国维亦以为"帝"象花萼形。参看《观堂集林》第 1 册,283 页。

《金文续考》《两周金文辞大系考释》《殷周青铜器铭文研究》《金文余释》，唐兰的《古文字学导论》等。容庚的《金文编》，把金文按《说文》部首排列，孙海波的《古文声系》，把甲骨文、金文按古韵二十二部排列，都是便于查阅的。

现在简单地叙述王国维、郭沫若二人的金文研究。

王国维研究金文，正如他研究甲骨文一样。上文所述的研究甲骨文的方法，差不多完全适用于金文。王国维正是这样从多方面论证，做出许多精确的论断来的。例如：

释中　《说文解字·丨部》："中，和也。从口上下通。🉑，籀文中。按，此字殷虚卜辞作中，作🉑，作🉑；颂鼎作🉑，小盂鼎作🉑。其上下或一斿，或二斿，或三斿；其斿或在左，或在右，无如🉑字作者。田齐时之禾子釜作🉑，其斿略直，与籀文相似，而上下四斿亦皆在右。罗参事《殷虚书契考释》云："古中字斿或在左，或在右，象因风而或左或右也。无作🉑者，盖斿不能同时既偃于左，又偃于右。"其说至精。然则此字当为传写之讹矣。①

释天　古文天字本象人形，殷虚卜辞或作🉑，盂鼎、大丰敦作🉑，其首独巨。按《说文》："天，颠也。"《易·暌·六三》："其人天且劓。"马融亦释"天"为凿颠之刑②。是天本谓人颠顶，故象人形。卜辞、盂鼎之🉑、🉑二字所以独坟其首者，正特著其所象之处也。殷虚卜辞及齐侯壶又作🉑，则别以一画记其所象之处，古文字多有如此者。如二、二字，"二"字之上画与"二"字之下画皆所以记其位置也③。又如"本"字，《说文》注云："木下曰本，从木，一

---

① 王国维《史籀篇疏证》。
② 《经典释文》引马融注《易·暌》："剕凿其额曰天。"
③ 二，古文"上"字；二，古文"下"字。

在其下。”“朱”字注云：“赤心木，从木，一在其中。”“末”字注云：
“木上曰末，从木，一在其上。”盖本末均不能离木而见，故画木之
全形，而以一识其所象之处。①

　　说珏朋　殷时，玉与贝皆货币也。《商书·盘庚》曰：“兹予
有乱政同位，具乃贝玉。”于文：“寶”字从玉、从贝，缶声。殷虚卜
辞有🉐字及🉐字，皆从宀、从玉、从贝，而阙其声。盖商时玉之用
与贝同也。贝玉之大者：车渠之大以为宗器②，圭璧之属以为瑞
信，皆不以为货币；其用为货币及服御者，皆小玉、小贝，而有物焉
以系之。所系之贝玉，于玉则谓之珏，于贝则谓之朋。然二者于
古实为一字。珏字殷虚卜辞作𰀀，作𰀀，或作𰀀，金文亦作𰀀，皆
古珏字也。《说文》：“玉，象三画之连，丨其贯也。”𰀀意正同。其
作𰀀作𰀀者，丫丫皆象其系，如“束”字上下从丫人也。古系贝之法
与系玉同，故谓之朋。其字卜辞作𰀀、作𰀀，金文作𰀀、作𰀀、作
𰀀，又公中彝之“贝五朋”作𰀀，抚叔敦盖之“贝十朋”作𰀀，戊午
爵乃作𰀀，甚似珏字。而朋友之“朋”卜辞作𰀀，金文作𰀀，或作
𰀀，或从𰀀，或从珏，知“珏、朋”本一字，可由字形证之也。③

　　从上面这些例子看来，金文的研究常常是跟甲骨文的研究结合在
一起，而且是互相证明的。

　　郭沫若的金文研究仍然保持着他甲骨文研究的特点：除了其他许
多与众不同的意见之外，最突出的一点是联系社会发展史来看问题。
这里试举两个例子：

---

① 王国维《观堂集林》第 1 册，282—283 页。
② 车渠，蛤类，海产。古人以为大贝。
③ 王国维《观堂集林》第 1 册，160—162 页。

释父　父本斧之初字，古文作，象手持一物之形。其所持之物，许书以为杖，近人罗振玉以为炬。按此实是石器时代之石斧也。古者男子均称父，盖谓以斧从事操作之人，与母之以乳从事抚育者为对。斧字从斤，以父为声，乃后起字矣。"①

释鬲　盂鼎："……锡夷嗣王臣十又三伯，人鬲千又五十夫。"令毁："姜赏令贝十朋，臣十家，鬲百人……"臣与鬲有别，二者相同。所谓"人鬲"当即《尚书》之"民献"。"献"字汉人多作仪，如《大诰》之"民献有十夫"，《尚书大传》作"民仪有十夫"。又《泰山都尉孔宙碑》"黎仪以康"，《斥彰长田君碑》"安惠黎仪"，《堂邑令费凤碑》"黎仪瘁伤"，所谓"黎仪"亦即《皋陶谟》"万邦黎献"之"黎献"。前人以为殆《今文尚书》作仪，古文作献……余意今文家殆以支部仪字写鬲字之音，而古文家则误读鬲之象形文为献也。古器之献乃二部所构成，下体为鬲，上体为甗或釜。故其象形文则鬲低而献高，鬲单而献复。……古文鬳、献同字，凡鬳器之铭均以献为之。字形如此类似，古文家误鬲为献，事所宜然。②

古文字学与历史学、考古学的关系非常密切。王国维所著《殷卜辞中所见先公先王考》《殷周制度论》等著名论文，本是在古文字上作出的研究，然而其结果则属于历史学范围。郭沫若在《殷周青铜器铭文研究》序文里明白宣称："余治殷周古文，其目的本在研究中国之古代社会。"他在《甲骨文字研究》序文里说得更透彻些："余之研究卜辞，志在探讨中国社会之起源，本非拘拘于文字史地之学；然识字乃一切探讨之第一步，故于此亦不能不有所注意。且文字乃社会文化之一要征，于社会之生产状况与组织关系略有所得，欲进而追求其文化之

① 郭沫若《殷周青铜器铭文研究》76—77 页，人民出版社 1954。
② 郭沫若《殷周青铜器铭文研究》66—68 页。

大凡，尤舍此而莫由。”

就语言学本身来说，古文字学是非常重要的。汉语语源的研究、汉藏系语言的比较研究，等等，都要靠古文字学来帮助解决。古文字学的成就是巨大的，但是还剩下许多问题没有解决，其中包括一些有争论的问题以及一些缺乏说服力的解释。出土的材料越来越多，研究的方法越来越周密，将来古文字学的研究，是可以远远地超过今天的。

第四节　古音学

清儒所谓古音，指的是先秦古音；这里所谓古音学，指的是对上古语音的研究。

中国古代语言学家们，对于语言，一般是缺乏发展观点的；对于语音的历史发展，观念更加模糊。尽管有时候也提到古今语音的不同，如《释名·释车》：“车，古者曰车，声如居。……今曰车，声近舍。”但是这只是注意到一些个别的、孤立的现象，没有作为整个语音系统的发展来看。历史观点一天不建立，古音学就一天不能产生。古音学的建立，首先应该归功于明代的陈第。他的历史概念是鲜明的，他对宋人的《诗经》叶音说的批判，具有很大的冲击力量。

陈第（1541—1617），字季立，号一斋，福建连江人。他是明万历年间的秀才，后来在蓟州镇守边疆十年，很尽了一番力量。所著有《毛诗古音考》《屈宋古音义》《读诗拙言》等书。他的宣言是：“时有古今，地有南北，字有更革，音有转移，亦势所必至。”大家知道，清代古音学以顾炎武为首创者，而顾炎武就直接受陈第的影响；顾氏在他著的《音学五书·音论》一开头就引陈第《毛诗古音考》和《读诗拙言》的几大段议论，可见顾氏对陈氏的推崇。陈第已经肯定了一个很重要的原则：同一个字在同一个时代、同一个地域，读音一定是统一的，不会像宋人

（朱熹等）所猜测的那样，以为字没有固定的读音，可以由诗人随便规定叶音的。这个原则很重要，它为古音学奠定了很好的基础。

清代的古音学家，值得叙述的有顾炎武、江永、戴震、段玉裁、孔广森、王念孙、江有诰七人。其中比较重要的是顾、段、二江；而影响最大的，只有段玉裁、江有诰二人。

顾炎武（1613—1682），字宁人，号亭林，江苏昆山人。他是明末清初的经学大师。关于古音学的著作，有《音学五书》（《音论》《诗本音》《易音》《唐韵正》《古音表》）。此外还有《韵补正》，是为纠正吴棫的《韵补》而作的。

顾氏在语音学上最大的贡献有两点：

第一是离析《唐韵》。宋人如吴棫、郑庠等也曾企图研究古韵，但是他们拘守着《唐韵》，把每一个韵部看成是一个整体，没有想到把它们拆开；因此，把韵部归并得很宽，仍然不免出韵。另一个极端则像陈第那样，遇字逐个解决，没有注意到语音的系统性。顾氏则是先把某些韵部拆成若干部分，然后重新与其他的韵部合并起来。例如麻韵分为两半，一半并入歌韵，一半并入鱼韵。这样有分有合，既照顾了语音的系统性，又照顾了历史发展。

第二是以入声配阴声。顾氏注意到《诗经》常常有入声字和阴声字押韵，又注意到一字两读（如"质"又音致，"觉"又入效韵），所以他认为除缉、盍等韵以外，《唐韵》以入声配阳声都是配错了的。入声配阴声这个原则是后代古音学所公认的。

顾氏运用归纳法，按照《诗经》的用韵，把古韵分为十部：

（一）东冬钟江；

（二）脂之微齐佳皆灰哈；

（三）鱼虞模侯；

（四）真谆臻文殷元魂痕寒桓删山先仙；

（五）萧宵肴豪幽；

（六）歌戈；

（七）阳唐；

（八）耕清青；

（九）蒸登；

（十）侵覃谈盐添咸衔严凡。

陈第、顾炎武定下了古音学的总原则，直到后来所有的古音学家们都没有违反这些总原则，所根据的材料又是一样的，那么，为什么后来越分越细，古韵并不止分为十部呢？原因有三：

第一，没有贯彻离析《唐韵》的原则。例如虞韵本当分为两类，其一归鱼，另一归侯。顾氏没有注意到这一点。

第二，对于韵例的看法有分歧。例如《诗·邶风·静女》三章："自牧归荑，洵美且异。匪女之为美，美人之贻。"顾氏以为此章以平上去通为一韵，但是段玉裁认为单句不入韵，江有诰认为单句与单句押韵，双句与双句押韵。

第三，是承认不承认合韵。例如《诗·秦风·小戎》三章叶"群、錞、苑"。如果认为合韵，则文部与元部可以分开；如果像顾氏认为不是合韵，而是同韵，则不能分开了。

江永（1681—1762），字慎修，清代婺源人。他是康熙年间的秀才，博古通今，除经学之外，精通天文、乐律及音韵之学。在音韵方面，所著有《古韵标准》《四声切韵表》《音学辨微》。戴震是他的弟子，《古韵标准》是戴震参订的。

江永把古韵分为十三部，与顾氏不同之点在于：(1)幽部与宵部分立①；虞韵之半归幽部。（2）真部与元部分立。（3）侵部与谈部分立。

江永研究古音的最大特点是讲究音理。他说（《古韵标准·例言》）：

> 细考《音学五书》，亦多渗漏，盖过信"古人韵缓不烦改字"之说，于"天、田"等字皆无音。《古音表》分十部，离合处尚有未精，其分配入声多未当。此亦考古之功多，审音之功浅。每与东原叹惜之。

"考古之功多，审音之功浅"，成为一句名言。《诗经》中不可能没有合韵的情况，正如今天 ao、ou 可以通韵，an、in 可以通韵一样。如果没有音理作为指导，一味系联，似密而实疏，并不能认为是科学的方法。江氏精于等韵学，以音理作为基础来研究古音，与顾氏在观点方法上有了分歧，所得的结果自然不一样了。

江氏古音学的最大贡献有两点：

第一是区别侈弇。拿今天的术语来说，就是区别开口元音和闭口元音（侈是开，弇是闭）。汉语的语音，从古到今，都有 a 系统与 ə 系统的对立。江氏区别幽、宵两部，因为宵部是 a 系统，幽部是 ə 系统②；区别真、元两部，因为元部是 a 系统，真部是 ə 系统③；区别侵、谈两部，因为谈部是 a 系统，侵部是 ə 系统④。这一发现是很重要的。

第二是以入声兼配阴阳。江氏叫做数韵共一入。江氏《四声切韵

---

① 江氏未立韵部名称。这里用江有诰所定的名称，以便了解。
② 江氏于平声第六部（即宵部）总论中说："此部之音，口开而声大；十一部（即幽部）之音，口弇而声细。"
③ 江氏于平声第四部（今人分为真文两部）总论中说："真谆臻文殷与魂痕为一类，口敛而声细；元寒桓删山与仙为一类，口侈而声大。而先韵者，界乎两类之间，一半从真谆，一半从元寒者也。"
④ 江氏于平声第十二部（即侵部）总论中说："二十一侵至二十九凡九韵，词家谓之闭口音，顾氏合为一部。愚谓此九韵与真至仙十四韵相似，当以音之侈弇分为两部。"

表》以开合等呼相配成表,非常细致。虽然个别地方还欠正确[1],但是大体上是合理的,后来江有诰的《入声表》还不能超出他的范围。他以昔韵兼配支、耕两部,质韵兼配脂、真两部,职韵兼配之、蒸两部等,实际上是以入声为枢纽,而把阴声和阳声联系起来。后来戴震仿照这个办法,成为九类二十五部的配合(参看下文),朱骏声也仿照这个办法,以为鼎的分部同解,坤的分部同履,升的分部同颐,等等。孔广森实际上受到江氏《四声切韵表》的影响,才创为阴阳对转的理论的。

　　戴震(1723—1777),字东原,安徽休宁人。他是江永的弟子,经学、小学都受江永的影响。在音韵学方面,他的著作有《声韵考》和《声类表》。他的等韵学不及江永,但是在古音研究上,他也有一些好的见解。

　　戴震把古韵分为九类二十五部。其分类之所以如此之多,是因为他把入声独立出来了,同时又采用他的弟子段玉裁的支脂之三部分立之说,自己又把祭泰夬废四韵独立起来成为一部。但是戴震又说:"若入声附而不列,则十六部。"这十六部跟江氏的十三部相比,则是增加了脂部、之部和祭部。

　　戴氏古音学的最大贡献有两点:

　　第一是把入声独立起来。这对于后来黄侃的二十八部有很大的影响。如果我们承认上古的入声字是收音于-p、-t、-k 的,非独立则于音理上讲不通。

　　第二是把祭泰夬废四个韵独立起来。这四个韵无论从谐声系统说,从《诗经》用韵说,都是和脂部不发生关系的。

　　戴氏的缺点是把歌戈麻看成阳声,祭泰夬废看成阴声。后来孔广

————————————

[1]　例如以"着"配"朝"。

森把歌戈麻看成阴声，黄侃把祭泰夬废看成入声，才是对的。

段玉裁的古音学，见于他所著的《六书音均表》①。他把古韵分为十七部。与江永的十三部比较，多了脂部、之部、侯部、文部。脂、之两部从支部分出，侯部从幽部分出，文部从真部分出。

段氏古音学的最大贡献有四点：

第一，支脂之分立，侯幽分立，真文分立，都是段氏的创获。于此更见《切韵》的存古性质，段氏受《切韵》的启发，同时细心观察形声字的偏旁与《诗经》的用韵，终于证据充分地把这些韵部分开了，后来也就成为定论。

第二，段氏开始把古韵的韵部按韵母的性质来排列，十七部分为六类：第一类是之部，第二类是宵、幽、侯鱼四部，第三类是蒸、侵、谈三部，第四类是东、阳、耕三部，第五类是真、文、元三部，第六类是脂、支、歌三部。这样，邻韵的概念清楚了，合韵就不是漫无标准的了。

第三，段氏建立了"同声必同部"的理论。本来，宋徐蕆在他的《韵补·序》中已经讲到谐声跟韵部的关系，他说："如霾为亡皆切，而当为陵之切者，由其以貍得声……"江永也讲到这种关系，如云"熨蔚从尉，沸费从弗"（《四声切韵表·凡例》）。但是明白地作为一个原则肯定下来，则始于段氏。后来朱骏声就依照这个原则来编他的《说文通训定声》，以声符为小韵部。当然这不能绝对化，因为造字时代距离《诗经》时代已经很远了，但是，作为区别同韵字的一个原则，基本上还是可用的。

第四，段氏认为古无去声，这也是一种新的发现。当然，把去声字和入声字的读音完全混同起来是不对的；但是，指出中古时代大部分

---

① "音均"就是"音韵"。《说文》没有"韵"字，"均"就是古"韵"字。

去声字来自入声(按:即收音于-p、-t、-k),则是正确的。

段氏有两个缺点:第一个缺点是把屋声、谷声、卜声、木声一类的字都归入了幽部,其实是应归侯部的。第二个缺点是把至部字认为是真部的入声。戴震曾经指出这第二个缺点①,而段氏坚持不改。但是这第二个缺点是不大的,既然可以异平同入,至部配脂部固然可以,配真部也未尝不可以。王念孙可能是受了段氏这个地方的启发,才悟出一个独立的至部来。

孔广森(1752—1786),字众仲,一字㧑约,号㧑轩,山东曲阜人,乾隆进士。他也是戴震的弟子,从小就受经于戴震。经学方面的著作有《礼学卮言》《经学卮言》《公羊通义》等;音韵学方面,他著有《诗声类》和《诗声分例》。

孔广森分古韵为十八部,与段氏十七部不同之点在于:冬部从东部分出;合部从侵谈分出;真文合并。此外,段氏真部入声字,孔氏改隶脂部。

孔氏古音学的最大贡献有两点:

第一,冬部从东部分出。这件事虽然没有得到一致的公认,但是证据相当充分。冬部与侵部接近,东部与阳部接近,而冬与阳则不相通。

第二,阴阳相配的事实虽不是孔氏首先发现的,但是阴阳对转的理论则是孔氏首创的。孔氏明白地指出入声是对转的枢纽,这种理论也是可取的。

孔氏的缺点是主张古无入声。他似乎承认合部是入声,却又把它归入阴声类去。孔氏是山东人,受了地域方言的影响,以致有了这个

———————————

① 戴震《答段若膺论韵》书,见《声类表》卷首。

错误的结论。

王念孙(1744—1832)，字怀祖，学者称石臞先生，江苏高邮人。他也是从小受业于戴震。他的最大成就在训诂学方面（见下节），但是，他对古韵也有很大的贡献。音韵学方面，他的著作有《诗经群经楚辞韵谱》，见于《高邮王氏遗书》内。王引之《经义述闻》卷三十一有古音二十一部表，所述的就是王念孙的古音学说。

王氏分古韵为二十一部，表面上似乎是从戴震的二十五部减去收-k 尾的入声五部，再把至部从真部入声里分出来；实际上并不是这样简单。如果这样了解，那是把王念孙的功劳给埋没了。

王氏古音学的最大贡献是：他认为至部、祭部、缉部、盍部都应该独立。这种独立，与戴氏的入声韵部独立不同。他是以"同声必同部"的原则为标准的，所以至部、祭部包括去声和入声，而不像戴震所分的，单纯是去声。这种分法，实际上与段氏古无去声的理论相为表里。他把收-t、收-p 的入声字都独立起来了，而收-k 的入声字没有独立起来，这是按《诗经》用韵和谐声偏旁客观归纳的结果。

他把从屋、从谷、从木、从卜……的字都改隶侯部，原来段玉裁是把它们归入幽部的①。他自己以为是他的特点之一，但是孔广森、江有诰、朱骏声不约而同地也都把它们归入侯部了。归入侯部是对的。

江有诰(？—1851)，字晋三，安徽歙县人。他是王国维所谓"自奋于穷乡孤学"②。他只看见过顾炎武、江永、段玉裁的书，后来才看见孔广森的书；至于戴震、王念孙的音韵学说，他在著书时是完全不知道

---

① 但是，段氏晚年也改变了意见。见于他的《江氏音学·序》。
② 见王国维《江氏音学·跋》，《观堂集林》第 2 册，407 页。

的。但是，他的研究结果与王念孙基本上相同。可见如果材料相同，方法相同，研究结果决不会有很大分歧的。

江有诰所著有《音学十书》，现在流传的只有：《诗经韵读》《群经韵读》《楚辞韵读》《先秦韵读》《唐韵四声正》《谐声表》《入声表》《等韵丛说》①。

江有诰把古韵分为二十一部。比较王念孙的二十一部，少了至部，多了冬部。后来江有诰的朋友夏炘作《古韵二十二部集说》，把王、江二氏的古韵学说熔为一炉。

看来江氏的古韵学并没有什么特色；但是，正如段玉裁所说的（《江氏音学·序》）："晋三集音学之成。"所谓集成，并不是简单地兼采众家之长，而是自己先辛勤地走一遭，真正懂透了，而且有很深厚的修养、卓越的见解，足以判断各家的是非。别人不能集音学之成，而江有诰能集音学之成，可见不是偶然的。段玉裁自己是杰出的古音学家，但是他对江有诰则揄扬备至（见《江氏音学·序》）。他对江氏的鉴定，应该是最恰当的。

江有诰的古音学主要贡献有三点：

第一，在清代古音学家中，他最深入、最全面地作了研究，既总结了前人的研究成果，又用大量的材料来说明问题。《诗经韵读》《群经韵读》《楚辞韵读》《先秦韵读》这四部书，把先秦所有的韵文（包括散文中的韵语）都搜集在一起，这样巨大的工作是前人没有作过的。把原文抄下来，这不但便利读者，而且使读者能更清楚地看见古人的韵例，更确切地知道二十一部的分立是证据确凿的。

第二，他和江永一样精于等韵学，但是他比江永的条件好得

---

① 据葛其仁《江晋三先生传》，只有前七部算在《音学十书》之内。《等韵丛说》附刻在《入声表》后面。

多。在他的时代，古韵部已经差不多算是分定了，他再从等韵来分析，就更有科学价值。他说某入声韵是某平声韵的入声，是从三方面来证明的：第一是一字两读，第二是谐声偏旁，第三是先秦韵文押韵。他的入声表不但解决了平入配合的问题，而且也解决了四声相配的问题。这就等于给先秦语音系统作了韵图[1]，使我们看见语音系统的全貌，从而推知语音演变的脉络。如果要拟测古音，也非依照这个系统不可。

　　第三，他的《谐声表》也很重要。按照"同声必同部"的原则，必须有了谐声表，然后某字归某部，才算固定下来。段玉裁也做过谐声表，但那是按照十七部做的，现在已经过时了，而且有些声符不一定归得妥当[2]。因此，江氏的《谐声表》，对后代研究古音的人来说，参考价值是很高的。

　　章炳麟、黄侃对王、江的古韵分部还有所修正。章炳麟另立队部，共成二十三部。黄侃分为二十八部。实际上是在王、江的二十二部的基础上再加戴震所立的没、锡、铎、屋、沃、德六部。黄侃的二十八部之说，曾经有一个时期影响很大。

　　黄氏的优点也就是戴震的优点。阴阳入三声分立，在理论上是站得住脚的。但是，具体到古韵分部，黄氏的缺点就大了。他拘泥于他

---

[1]　可惜他没有给阳声韵作韵图，因为他认为入声是配阴声的。但是，按照他的体例，我们也可做出阳声的韵图来。

[2]　例如段氏在《说文解字》"焦"字下和"谯"字下都注明属第二部（即宵部），但是他在《六书音均表·古十七部谐声表》中把焦声归入第三部（即幽部），又在《诗经韵分十七部表》中注明"谯"字古音在第三部，自相矛盾。江有诰《谐声表》把焦声归入宵部。按：《诗·豳风·鸱鸮》"谯"字与"消、翘、摇、晓"为韵，归入宵部是对的。

所提出的、不合逻辑推理的所谓"古本韵"理论①，让萧部没有入声韵相配，以致与阴阳入三分的原则不合。再者，他没有像江有诰那样做出谐声表，我们不知道没、锡、铎、屋、沃、德六部所包括的是哪些字②。这样，二十八部的概念还是相当模糊的。

　　章炳麟的队部倒是很有参考的价值。他在《文始》中说："队脂相近，同居互转。若'聿、出、内、术、戾、骨、兀、郁、勿、弗、卒'诸声，谐韵则《诗》皆独用；而'自、隹、畾'或与脂同用。"③可见他是把'自、隹、畾'等声的字算作队部平声的。可惜到了后来他就改变了原来的说法，以为"队异于脂，去入与平异也"。王力研究南北朝诗人用韵，受到启发，看见《诗经》中脂微有分用的情况，所以把微部从脂部中分出来。王力所分出的微部，其中正包括着自声、隹声、畾声的字，不过其范围比章氏的队部要广得多。章氏晚年准备并冬于侵④，王力采用了章氏晚年的意见，又参照了章氏早年队部有平声的意见，在他原来的二十三部中增微减冬，仍为二十三部⑤。后来王力在他的《汉语史稿》中，又主张阴阳入三声分立，分为古韵二十九部，即在上述二十三部以外，再加入声六部⑥。古韵学的成就，主要不在于韵部越分越多，而在于越来越把语音系统弄清楚了。

---

① 参看王力《汉语音韵学》。又王力《黄侃古音学述评》，载《大公报在港复刊三十周年纪念文集》上册。

② 他说没、锡、铎、屋、沃、德六部是戴震所立，但戴震这些部只包括《唐韵》的入声字。黄侃主张上古只有平、入两声，则去声字应归入声，显然与戴氏不同。他的弟子刘赜作《音韵学表解》，此六部及其相配的平声韵部之间的分野是不够恰当的，如莫声归模部（即鱼部），示声归没部（即物部），都有问题。

③ 见《章氏丛书·文始》39 页，浙江图书馆校刊本。又参看 47—49 页。章氏说："左文三，《诗》或与脂同用，今定为队部音。"

④ 章炳麟《音论》，载在光华大学《中国文学研究》，中华书局。

⑤ 王力《上古韵母系统研究》，见《清华学报》十二卷三期。又《汉语史论文集》。

⑥ 这六部是：铎部、屋部、职部、锡部、觉部、药部。关于二十九部，参看王力《汉语史稿》。

　　上古声母的研究,比起韵部来,要冷清得多。原因是声母研究的条件不如韵部研究的条件好:韵部研究有大量韵文作为依据,而声母研究只能依靠谐声偏旁、声训及异文。谐声字同偏旁的不一定同声母,声训也不一定同声母,而异文的材料又不多。因此,古声母研究的成绩不算很大。只有下面的五点大致可以肯定下来:

　　(一)古无轻唇音;

　　(二)古无舌上音;

　　(三)古娘母归泥母,古日母与泥母同类;

　　(四)古喻母四等与定母同类;

　　(五)古喻母三等归匣母。

　　(一)(二)两项是钱大昕的发现①。钱大昕(1723—1804),字晓徵,号辛楣,又号竹汀,江苏嘉定人。他的发现为古反切所证实;直到《切韵》时代,重唇和轻唇仍旧不分,舌头与舌上不分。(三)项是章炳麟的发现②。他说娘日二纽归泥;娘归泥没有问题,本来《切韵》中的泥娘就是不分的。至于日母,只能认为上古日母近似泥母,还不能完全混同。(四)(五)两项是曾运乾的发现③。曾运乾,湖南人,曾任大学教授。他的理论应该修正一下:不是喻四归定,只是喻四在上古接近定母。罗常培也发现在《经典释文》和《玉篇》中,喻三和匣母还是不分的④。

　　章炳麟认为古音有二十一纽,黄侃认为古音只有十九纽⑤。一味把古纽合并,恐怕并不符合真实情况。但是,黄氏以照系二等并入精

①　参看钱大昕《十驾斋养新录》卷五。
②　章炳麟《娘日二纽归泥说》,见于《章氏丛书·国故论衡上》31—33 页。
③　曾运乾《喻母古读考》。见于杨树达所编的《古声韵讨论集》。
④　罗常培《经典释文和原本玉篇反切中的匣于两纽》,见于《史语所集刊》八本一分。
⑤　章说见《国故论衡》上,黄说见钱玄同的《文字学音篇》。

系,则很有参考价值;照系二等在上古音系中,的确和精系相近,如果不相同的话。

＊　　　　　＊　　　　　＊

清儒在古音研究中存在着两个相当普遍的错误观点:第一是复古思想。顾炎武说:"天之未丧斯文,必有圣人复起,举今日之音而还之淳古者。"①江永《古韵标准·例言》批评他说:

> 愚谓此说亦大难。古人之音虽或存方音之中,然今音通行既久,岂能以一隅者概之天下? 譬犹窑器既兴,则不宜于笾豆;壶斟既便,则不宜于尊罍。今之孜孜考古者,亦第告之曰"古人本用笾豆尊罍,非若今日之窑器壶斟"耳。又示之曰"古人笾豆尊罍之制度本如此,后之摹仿为之者,或失其真"耳。若废今人之所日用者,而强易以古人之器,天下其谁从之?

江氏的批评非常正确。但是,段玉裁在《江氏音学·序》中仍然说"陆氏分配之误",江有诰所著有《唐韵四声正》《唐韵再正》等,是古非今的观念仍旧牢不可破。直到章炳麟还说②:

> 今世语言讹乱,南朔异流,终之不失古音与契合《唐韵》部署者近是。夫欲改易常言,以就三代之音,其势诚未可也。若夫金元虏语,侏离而不驯者,斯乃财及幽并冀豫之间,自淮汉以南亡是。方域未广,曷为不可替哉?

这种主张是违反历史潮流的,因而是应当批判的。

第二是滥用"一声之转"的说法。一声之转,实际上就是双声。一声之转又有两种:一种是钱大昕所谓"声随义转"。他说《诗·小

---

① 语见《音学五书·叙》。
② 章炳麟《重镌古韵标准序》,见于渭南严氏《音韵学丛书》。

雅·小旻》以"集"字与"犹、咎、道"押韵，是因为"集"训为"就"，就读
"就"音；《诗·大雅·瞻卬》以"鞫"字与"后"押韵，因为"后"字的古
音同"户"，而"鞫"训为"固"，就读"固"音①。这种说法不自钱氏始，
江永实际上已经这样做了。江氏以为《诗·秦风·小戎》的"苑"字跟
"群、镎"押韵是因为"苑"字在别的地方有"蕴"字的意义，这里也可以
读为"蕴"（於粉切）②。其实"声随义转"的理论是错误的，颜师古已经
批判过，"宏"训为"大"并不就读"大"，"仇"训为"雠"并不就读为
"雠"。另一种是"双声假借"。钱大昕以为《易·屯卦》以"民"与
"正"为韵，因为"民、冥"双声，"民"读如"冥"；《易·观卦》以"平"与
"宾、民"为韵，因为"平、便"双声，"平"读如"便"③。朱骏声继承了这
种说法。例如他在"鞫"字下面说"《诗·瞻卬》叶'鞫、后'，按读如
'垢'也"④。在"宗"字下面说"《诗·公刘》叶'饮、宗'，按读'餐'也；
伪《伊训》叶'洋、彰、常、祥、殃、庆、宗'；《周书·武𥘐》叶'疆、宗、公、
飨'；《吕览·权勋》叶'行、宗、众、望、终'，按读如'臧'也"。这样保留
声母，改变韵母来押韵，那就无所不通，实际上走上了陈第所批判的宋
人叶音的道路。

　　清代的古音学虽然成绩很大，但是为时代所局限，仍然有一些唯
心的东西，是应该指出来的。

第五节　训诂学

　　文字本来只是语言的代用品。文字如果脱离了有声语言的关系，

---

① 　参看王力《汉语音韵学》。钱大昕说"后"字古音户，这个说法是错的。
② 　江永《古韵标准》54—55 页，渭南严氏丛书本。
③ 　参看王力《汉语音韵学》。
④ 　朱氏不再说读如"固"，因为他已经把鱼侯两部分立，知道"后"字不能读如"户"。

那就失去了文字的性质。但是,古代的文字学家们并不懂得这个道理,仿佛文字是直接表示概念的,同一个概念必须有固定的写法。意符似乎是很重要的东西,一个字如果不具备某种意符,仿佛就不能代表某种概念。这种重形不重音的观点,控制着一千七百年的中国文字学(从许慎时代到段玉裁、王念孙的时代)。直到段玉裁、王念孙,才冲破了这个藩篱。文字既是代表有声语言的,同音的字就有同义的可能,不但同声符、不同意符的字可以同义,甚至意符、声符都不同,只要音同或音近,也还可能是同义的。这样,古代经史子集中许多难懂的字都讲清楚了。这是训诂学上的革命,段、王等人把训诂学推进到崭新的一个历史阶段,他们的贡献是很大的。

最鲜明地表现这种革命精神的,是段玉裁的《广雅疏证·序》、王念孙的《广雅疏证·自序》和《说文解字注·序》。现在分别摘录于下:

段玉裁《广雅疏证·序》:

> 小学有形、有音、有义,三者互相求,举一可得其二。有古形、有今形,有古音、有今音,有古义、有今义,六者互相求,举一可得其五。……圣人之制字,有义而后有音,有音而后有形。学者之考字,因形以得其音,因音以得其义。治经莫重于得义,得义莫切于得音。《周官》六书:指事、象形、形声、会意四者,形也;转注、假借二者,驭形者也,音与义也。三代小学之书不传,今之存者,形书《说文》为之首,《玉篇》以下次之;音书《广韵》为之首,《集韵》以下次之;义书《尔雅》为之首,《方言》《释名》《广雅》以下次之。《尔雅》《方言》《释名》《广雅》者,转注、假借之条目也。义属于形,是为转注;义属于声,是为假借。稚让为魏博士,作《广雅》,盖魏以前经传谣俗之形音义汇崒于是。不孰于古形、古音、古义,则

其说之存者,无由甄综;其说之已亡者,无由比例推测,形失则谓《说文》之外字皆可废,音失则惑于字母七音,犹治丝棼之;义失则梏于《说文》所说之本义而废其假借,又或言假借而昧其古音。是皆无与于小学者也。怀祖氏能以三者互求,以六者互求,尤能以古音得经义。盖天下一人而已矣!

王念孙《广雅疏证·自序》:

窃以诂训之旨,本于声音。故有声同字异,声近义同;虽或类聚群分,实亦同条共贯。譬如振裘必提其领,举网必挈其纲。故曰"本立而道生","知天下之至啧而不可乱也"。此之不寤,则有字别为音,音别为义,或望文虚造而违古义,或墨守成训而尟会通,易简之理既失,而大道多歧矣。今则就古音以求古义,引伸触类,不限形体。

王念孙《说文解字注·序》:

《说文》之为书,以文字而兼声音训诂者也。凡许氏形声、读若,皆与古音相准。或为古之正音,或为古之合音,方以类聚,物以群分,循而考之,各有条理。不得其远近分合之故,则或执今音以疑古音,或执古之正音以疑古之合音,而声音之学晦矣。《说文》之训,首列制字之本意,而亦不废假借。凡言"一曰"及所引经,类多有之。盖以广异闻,备多识,而不限于一隅也。不明乎假借之指,则或据《说文》本字以改书传假借之字,或据《说文》引经假借之字以改经之本字,而训诂之学晦矣。吾友段氏若膺,于古音之条理,察之精,剖之密。尝为《六书音均表》,立十七部以综核之,因是为《说文》注,形声、读若,一以十七部之远近分合求之,而声音之道大明。于许氏之说正义、借义,知其典要,观其会通,而引经与今本异者,不以本字废借字,不以借字易本字,揆诸经义,例以本书,若合符节,而训诂之道大明。训诂声音明而小学明,小学明而经学明,盖千七百年来无此作矣! 若夫辨点画之正俗,察篆隶之繁省,沾沾自谓得之,而于转注、假借之通例,茫乎未之有闻,是知有文字而不知有声音、训诂也。其视若膚之学,浅深相去为何如邪?

"治经莫重于得义,得义莫切于得音",这是清代训诂学的宣言。清儒就是根据这一个原则来进行训诂工作的。关于段玉裁和朱骏声(他们都是就古音以求古义的),前面已经叙述过了;在本节里,我们着重叙述五个人:王念孙、王引之、郝懿行、俞樾、章炳麟。

王念孙在训诂学方面的著作,以《广雅疏证》为代表。《广雅疏证》是他"殚精极虑",花了十年的心血才写成的①。大约书成于乾隆辛亥(1791,段氏写序之年),刊于嘉庆元年(1796,王氏写序之年)。王氏另有一部有名的著作《读书杂志》,虽然以校勘考证为主,其中也有涉及训诂的地方。他的儿子王引之所著的《经义述闻》,其中也叙述了不少王念孙对于经义的见解。

《广雅疏证》是为魏张揖的《广雅》作注解。全书的内容是:

1. 校正了许多讹脱错乱之处。如卷二下:"'啴啞,惧也'。啴各本讹作'蝉',今订正。"

2. 凡字义之脱漏者,特别标出。如卷一下:"沮、润、湑、浥、渐、洳、湝、淖,湿也。"王氏在下面标一"沃"字。注云:"《众经音义》卷十三引《广雅》:'沃,湿也。'今本脱'沃'字。"

3. 援引经传,来证明张书,这是书中的主要部分。

4. 对于容易懂的字义,则不加解释。例如卷一上:"拌、墩、捐、振、叓、投、委、掮,弃也。"王氏对于"捐、委"都不加解释,因为"捐弃、委

———————————

① 《广雅疏证》最后一卷是王念孙的儿子王引之写的。

弃"都是容易懂的。这是王氏在序里所说的："义或易晓，略而不论。"

5. 对于不懂的字义，则不强加解释。例如卷三上："捣、撅、娏、擿，投也。"王氏注云："娏字音义未详。"这是王氏在序里所说的："于所不知，盖阙如也。"这种地方不多。

王氏《广雅疏证》的考证精确，是众口交誉的。其中最精彩的地方是像王氏自己所说的，"就古音以求古义，引申触类，不限形体"。现在试举两个例子：

> 卷第一下　擂……搴……檐、舆、揭……舁、舁，举也。［疏证］擂者，《玉篇》："擂，挈衣也。"《曲礼》云："擂衣趋隅。"……搴者，《说文》："攓，擂衣也。"《郑风·褰裳篇》云："褰裳涉溱。"《庄子·山木篇》云："褰裳躩步。"并与"搴"通。……檐者，《说文》："儋，何也。"《管子·七法篇》云："犹立朝夕于运均之上，檐竿而欲定其末。"《秦策》云："负书儋囊。""儋、擔、檐"，并通。"舆"与下"舁、舁"二字同。《众经音义》引《仓颉篇》云："舁，举也。对举日舁。"《说文》："舁，对举也。""舁，共举也。"并字异而义同。"揭"音居列、去列、渠列三反，又居谒、渠谒二反。《说文》："揭，高举也。"《小雅·大东篇》云："西柄之揭。"《庄子·胠箧篇》云："唇竭则齿寒。""竭"与"揭"通，凡物之上举者皆谓之"揭"。《说文》："稿，禾举出苗也。"《卫风·硕人篇》："葭菼揭揭。"毛传云："揭揭，长也。"《说文》："碣，特立之石也。"义并与"揭"通。举物谓之"揭"，负物亦谓之"揭"。《说文》："竭，负举也，从立，曷声。"《礼运》："五行之动，迭相竭也。"郑注云："竭，犹负戴也。"成二年《左传》："桀石以投人。"杜预注云："桀，擔也。"《庄子·胠箧篇》云："负匮揭箧，擔囊而趋。""竭、揭、桀"并通。"揭"与"擔"同义，故并训为举也。"揭"又音去例反，《邶风·匏有苦叶篇》："浅则

揭。"毛传云:"揭,褰衣也。""揭、褰、搴"一声之转,故亦并训为举也。

力按:这里有三组字。第一组是"擔、儋、檐"①;第二组是"舆、轝、擧、舁"。这两组的字都是同音同义,只是字形不同罢了。第三组是"搴、褰、攘、蹇、揭、竭、桀"。"搴"与"褰"是双声,"攘"是"褰"的繁化,"蹇"是"褰"的假借,"揭、竭、桀"三字音近通假,而"揭"音又与"褰"音对转。

卷第六上　踟蹰,犹豫也。[疏证]此双声之相近者也。"踟、犹"、"蹰、豫"为叠韵,"踟、蹰"、"犹、豫"为双声。《说文》:"箸,箸箸也。"《楚辞·九辩》:"蹇淹留而踟蹰。"《七谏》注云:"踟蹰,不行貌。"并与"踟蹰"同。犹豫,字或作"犹与",单言之则曰"犹",曰"豫"。《楚辞·九歌》:"壹心而不豫兮。"王注云:"豫,犹豫也。"《老子》云:"与兮若冬涉川,犹兮若畏四邻。"《淮南子·兵略训》云:"击其犹犹,陵其与与。"合言之则曰"犹豫",转之则曰"夷犹",曰容与。《楚辞·九歌》:"君不行兮夷犹。"王注云:"夷犹,犹豫也。"《九章》云:"然容与而狐疑。"容与,亦"犹豫"也。按《曲礼》云:"卜筮者,先圣王之所以使民决嫌疑,定犹与也。"《离骚》云:"心犹豫而狐疑兮。"《史记·淮阴侯传》云:"猛虎之犹豫,不如蜂虿之致螫;骐骥之踟蹰,不如驽马之安步;孟贲之狐疑,不如庸夫之必至也。""嫌疑、狐疑、犹豫、踟蹰",皆双声字。"狐疑"与"嫌疑"一声之转耳②,后人误读"狐疑"二字,以为狐性多疑,故曰"狐疑";又因《离骚》"犹豫、狐疑"相对成文,而谓"犹"是犬名,犬随人行,每豫在前,待人不得,又来迎候,故曰"犹豫"。或又谓犹是兽名,每闻人声,即豫上

---

① 《集韵》:"檐,徒滥切,负也。"
② "狐"和"嫌"都是匣母字。

树,久之复下,故曰"犹豫"。或又以"豫"字从"象",而谓"犹、豫"俱是多疑之兽。以上诸说,具见于《水经注》《颜氏家训》《礼记》正义及《汉书》注、《文选注》《史记》索隐等书。夫双声之字,本因声以见义;不求诸声而求诸字,固宜其说之多凿也。

从上述两个例子中,我们可以看出王氏的观察的敏锐;他冲破了字形的蔽翳,从有声语言本身观察词的形式。这样他就能解决前人所未能解释的许多问题。王氏在训诂学上的贡献是巨大的。如果说段玉裁在文字学上坐第一把交椅的话,王念孙则在训诂学上坐第一把交椅,世称"段王之学"。段、王二氏是乾嘉学派的代表,他们的著作是中国语言学走上科学道路的里程碑。在他们的研究工作中,有许多好东西是值得我们继承下来的。

王引之(1766—1834),字伯申。他是王念孙的儿子,阮元的弟子,嘉庆进士,著有《经义述闻》《经传释词》等书。他继承了家学,仍然主张以古音求古义。他说①:

> 许氏《说文》论六书假借曰:"本无其字,依声托事,令长是也。"盖无本字而后假借他字,此谓造作文字之始也。至于经典古字,声近而通,则有不限于无字之假借者。往往本字见存,而古本则不用本字而用同声之字。学者改本字读之,则怡然理顺;依借字解之,则以文害辞。是以汉世经师作注,有"读为"之例,有"当作"之条,皆由声同声近者,以意逆之而得其本字。所谓好学深思,心知其意也。然亦有改之不尽者,迄今考之文义,参之古音,犹得更而正之,以求一心之安,而补前人之阙。

----

① 王引之《经义述闻》卷三十二"经文假借"条。

《经义述闻》和《经传释词》，都是按照这个原则办事的。当然并不完全都是假借的问题，但是"参之古音"，"以意逆之而得其本字"，确是高邮王氏父子的法宝。

《经义述闻》书成于嘉庆二年（1797）。顾名思义，"述闻"是叙述所闻于其父者。实际上，书中既有王念孙的话，也有王引之自己的话。于王念孙的话，则称"家大人曰"；于自己的话，则称"引之谨按"。不称"引之谨按"的，也是他自己的话。现在试举两个例子：

> 聳之以行① 杜注曰："聳，惧也。"《汉书·刑法志》"聳"作"慫"，师古注曰："慫，谓奖也。"家大人曰：颜说是也。聳之以行，谓举善行以奖劝之，故《楚语》："教之春秋，而为之聳善而抑恶焉，以戒劝其心。"韦注曰："聳，奖也。"《方言》曰："自关而西，秦晋之间，相劝曰聳，或曰獎（獎与奖同）。中心不欲，而由旁人之劝语，亦曰聳。"又曰"怂恿"，劝也。南楚凡己不欲喜而旁人说之，不欲怒而旁人怒之，谓之怂恿。""怂"与"聳"义亦相近。②

> 弔 引之谨按："弔"字有祥善之义，而学者皆弗之察。……"淑""弔"古字通。哀十六年《左传》"闵天不弔"，郑仲师注《周官·大祝》引作"闵天不淑"。……后人"弔"音丁击反者训为"至"，多啸反者训为闵伤，强加分别，而"弔"之为善，卒无知之者。③

《经传释词》成于嘉庆三年（1798），这是一部专讲虚词的书。这书的例证很多，可信的程度较高：例如"惟、唯"可以当"虽"字讲，"终"

---

① 《左传·昭公六年》："故诲之以忠，聳之以行，教之以务，使之以和，临之以敬，莅之以彊，断之以刚。"
② 《经义述闻》卷十九，第十页。
③ 《经义述闻》卷三十一，第二十页至二十三页。

字可以当“既”字讲，等等，都是确不可拔的[①]。但是，正如章炳麟所指出的，“卤莽灭裂处亦多”[②]，如果我们不加批判地完全接受，那也是不对的。

王引之在《经传释词》中，虽没有明显地主张声近义通，实际上仍然贯彻了这个原则。试看他的词条安排：卷一、卷二是影、喻母字、卷三、卷四是影、喻、晓匣母字，卷五是见系字，卷六是端系字，卷七是来、日母字，卷八是精系字，卷九是照系字，卷十是唇音系字。这决不是只为了检查的便利，主要是为了体现声近义通的原则。但是，在王引之的时代，尚未有喻母四等应归舌头的发现，所以他把喻四排在卷一、二、三、四，同时，我们也可以说，影母和喻三的虚词跟喻四的虚词相通的说法不是十分牢靠的，倒是喻四跟舌齿音相通，如“惟、唯”跟“虽”相通，反而是可信的了。

郝懿行（1757—1825），字恂九，号兰皋，山东栖霞人，嘉庆进士。所著的书有《山海经笺疏》与《尔雅义疏》等。

《尔雅义疏》书成于嘉庆年间，直到道光九年（1829），阮元才把它编入《皇清经解》内[③]。本来《尔雅》已有晋郭璞的注，宋邢昺的疏。郭注是一部好书，可惜尚嫌简略。邢疏只是摭拾孔颖达的《五经正义》，特别是《毛诗正义》，而且颇多阙略。清邵晋涵作《尔雅正义》，博引群书，于郭氏“未详”之说多所发挥，于郭氏疏漏之处亦多所补正，其价值远出邢昺之上。郝懿行的《尔雅义疏》最为后出，后来居上，其博洽又

① “终”字又见于《经义述闻》卷五，第十页至十一页，“终风且暴”条。

② 参看章炳麟《王伯申新定助词辩》，见于《太炎文录续编》卷一；又见于中华书局 1956 年出版的《经传释词》的附录。

③ 这还不是足本，据说被王念孙删掉四分之一。足本刊于咸丰六年（1856）和同治五年（1866）。

超过邵书。最值得称赞的,是他继承了王念孙《广雅疏证》的优点(他看过《广雅疏证》),遵守"凡声同之字,古多通用"的原则①,所以他能不拘泥字形,直求声音的同条共贯。

这书跟《广雅疏证》一样,对于容易懂的字义就不加解释。例如《释言》:"逮,及也。"这一条下面就没有疏证。相反地,对于郭注"未详"的地方,则尽可能加以疏证。如《释诂上》:"矢、雉、引、延、顺、荐、刘、绎、尸、旅,陈也。"郭注:"《礼记》曰:'尸,陈也。'雉、顺、刘皆未详。"郝氏以为"雉"从"矢"声,与"矢"义同;又引《士冠礼》"洗有筐在西南顺",郑注以"顺"为"陈";又以为"刘"与"籀"声近义同,籀训引,故亦训"陈"。这些解释虽不能尽满人意,但总算是经过一番考虑的。

一般地说,《尔雅义疏》的注释是相当精确的。下面举一个例子②:

> 赈,富也。[郭注]谓隐赈富有。[郝疏]富者,《说文》云:"备也,一曰厚也。"……赈者,《说文》云:"富也。"郭云:"隐赈富有。""隐"与"殷"同。"殷"训众盛,故《文选·西京赋》云:"乡邑殷赈。"薛综注:"殷赈,谓富饶也。"《蜀都赋》云:"邑居隐赈。"刘逵注:"隐,盛也;赈,富也。"《羽猎赋》云:"殷殷轸轸。"李善注:"殷轸,盛貌也。"是"殷轸"即"隐赈",音转字变。又为"殷赈(於尹、式尹二切)"。《玉篇》云:"殷赈,富有也。"是皆叠韵之字,其义即存乎声也。

由上述的例子可以看出,郝疏不但可以补郭注之不足,而且可以纠正郭注的错误。郝懿行懂得重视声音,所以成就较大。过去的学者们对于连绵字常常有错误的看法,把整体的双音词看成可以分割的两

---

① 语见《尔雅义疏》上之一,第二页,蜀南阁本。
② 《尔雅义疏》上之二,第四十九页。

个单音词。王氏父子和郝懿行纠正了这个错误看法。上文引过王念孙的话"双声之字，本因声以见义"，郝懿行也说："叠韵之字，其义即存乎声也。"这样就正确地批判掉了前人把每一个方块字都看成是表示一个独立的概念的错误看法。

可惜郝氏的古音学不十分高明。例如《释言》："燬，火也。"郝氏以为"火"者古读如"喜"，《诗》"七月流火"与"九月授衣"韵，是"火"读如"喜"之证。他不知道"火"在微部，"喜"在之部，是不相通的。

俞樾（1821—1906），字荫甫，号曲园，浙江德清人，道光进士。生平著作甚富，其与语言有关的著作有《群经平议》《诸子平议》《古书疑义举例》《儿笘录》《茶香室经说》等。

《群经平议》略仿《经义述闻》，《诸子平议》略仿《读书杂志》。其中有校勘考证，也有字义疏证。一般认为《诸子平议》比《群经平议》的质量高些。《古书疑义举例》是一部有用的书，如"一人之辞而加'曰'字例""两人之辞而省'曰'字例""蒙上文而省例""探下文而省例"等，对后人阅读先秦古书，有很大的帮助。当然也有些地方是不可靠的，需要加以区别。

俞樾治经以高邮王氏为宗，但是他的学力见识都不及王氏父子。在《群经平议》中有不少臆说[1]。《诸子平议》是他著作中最好的一部，如《荀子·劝学》"干越夷貉之子"，俞氏证明干为国名[2]；《庄子·德充符》"彼且蕲以淑诡幻怪之名闻"，俞氏以为"淑诡"就是"吊诡"[3]；《庄

---

① 参看王力《训诂学上的几个问题》，见于《中国语文》，1962 年 1 月号。
② 俞樾《诸子平议》225—226 页，中华书局 1954。
③ 俞樾《诸子平议》336 页，中华书局 1954。

子·胠箧》"唇竭则齿寒",俞氏以为"竭"字当读为"竭其尾"的"竭"①,都说得很好。但是说服力不强的地方仍然很多。至于《儿笘录》和《茶香室经说》则质量更差。俞氏在《儿笘录》中,想要解决一些《说文》中的疑难问题,但是大部分都是没有真凭实据的。《儿笘录》说"雁、鴈""匪、筐"都本是一字,许君误分为二,这是他说对了,可惜对的地方太少了。

古音通假,必须有确凿的证据。王氏父子之所以值得赞扬,不但是由于他们大胆提出了"以古音求古义,不限形体"的原则,更重要的是他们用大量的材料或强有力的证据来证明。如果只凭声音相同或相近,就贸然下判断,或毫无根据,或找一些不相干的证据,都是不能说明问题的。俞氏往往犯这种毛病。例如:

> 《庄子·列御寇》:"槁首黄馘者。"樾谨按,馘者俘馘也,非所施于此。"馘"疑"瘑"之假字。《说文》疒部:"瘑,头痛也。"黄瘑,谓头痛而色黄。

> 又:"有坚而缦,有缓而钎。"樾谨按,缦者,慢之假字;钎者,悍之假字。坚强而又惰慢,纾缓而又桀悍,故为情貌相反也。

古音通假说的流弊,在俞樾的著作中逐渐显露出来。后来到了章炳麟的《新方言》,更是推向极端,完全失掉高邮王氏的谨严态度了。

章炳麟(1868—1936),一名绛,字枚叔,号太炎,浙江余杭人。他是俞樾的弟子。在语言学方面,他的著作有《文始》《新方言》《小学答问》《说文部首均语》等。《国故论衡》上卷,也是讨论语言文字的。

---

① 俞樾《诸子平议》348 页,中华书局 1954。

《文始》是一部探求语源的书。章氏以为"仓颉之初作书,盖依类象形,其后形声相益,即谓之字……然则独体者仓颉之文,合体者后王之字。"因此,他把独体的字定为"初文",准独体的字定为"准初文",一共得到五百一十个字。这些算是原始的字,所有其他的字都是由这五百一十个初文演变出来的。如果音义皆同,或音近义同,只是字形不同,叫做"变易";如果转化为别的声音或者别的意义,而有迹象可寻者,叫做"孳乳"。

章氏实际上是应用了王念孙"以音求义,不限形体"的原则来做一种新的尝试。因此,初文的孳乳是建筑在古音系统的基础上的:他先定古韵为二十三部,并作"成均图"以明对转、旁转的道理,又定古声母为二十一纽。然后按初文分为歌泰寒类、队脂谆类、至真类、支清类、鱼阳类、侯东类、幽冬侵缉类、之蒸类、宵谈盍类。这样,所谓孳乳就不是乱来的,而是转而不出其类的、或邻韵相转的。

章氏这种做法,令人看见了词汇不是一盘散沙,词与词之间往往有某种联系,词汇也是有条理的。章氏这种做法,在原则上是词源的研究或词族的研究,但是他的研究还是很粗糙的。

"初文"之说,问题更大。我们知道,《说文》是不可尽信的,而章太炎则崇信《说文》,以为完全可以依从。章氏在序文中排斥铜器,就是怕人家以甲骨文与金文来批评他的初文。这种预防是徒劳的。

这里附带谈一谈清代的字书和注疏学。

《康熙字典》是敕撰的字书,成于康熙五十五年(1716)。序云:"切音解义,一本《说文》《玉篇》,兼用《广韵》《集韵》《韵会》《正韵》。"词义收罗颇广,除《说文》《玉篇》《广韵》《集韵》等书的词义以外,还包括其他字书。例证也比以前的字书增多了。序云:"至诸书引证未备者,则自经史百子,以及汉唐宋元明以来,诗人文士所述,莫不旁罗博证，使有依据。"《康熙字典》在中国字典学上算是提高到一个新的阶段。直到今天，此书还是有参考价值的。

但是，《康熙字典》远不是完善的字书。它的主要缺点有四个：第一，它博采群书，毫无断制，这是违反字典的编写原则的。序云："朕每念经传至博，音义繁赜，据一人之见，守一家之说，未必能会通阙缺也。"这要分别来看：如果诸家是互相补充的，当然很好；如果是异名同实的，编者还应该把他们统一起来；如果是互相矛盾的，更非判断是非不可。第二，他采用吴棫诸人的叶音。叶音早被陈第、顾炎武批判了的。第三，引书多有错误。王引之写《字典考证》，改正原书错误共达两千五百多条。第四，《康熙字典》的直音往往与反切矛盾。例如："缘，《广韵》以绢切，《集韵》《韵会》余绢切，并音愿。"这种错误很多，希望有人订正它。

《经籍籑诂》在名义上是阮元撰集的，实际上他只写了个凡例。他遴拔了经生若干人，分头纂辑，然后由臧镛堂（其后还有其弟礼堂）总其成。此书和《康熙字典》一样，都是集体的著作。这是一部很有用的材料书，可惜引文有许多错误，用书的人需要核对原文。

清代的注疏家也做了很多工作。比较著名者有阎若璩《古文尚书疏证》、孙星衍《尚书今古文注疏》、陈奂《诗毛氏传疏》、马瑞辰《毛诗传笺通释》、程瑶田《考工创物小记》《九谷考》、刘宝楠《论语正义》、焦循《孟子正义》、梁玉绳《史记志疑》、孙诒让《墨子间诂》等。这些注疏，多数是与清人的训诂学相为表里的。

本章的结语

清代是中国语言学发展的隆盛时期。一般人所称的乾嘉学派，指的是段、王之学，那是 18 世纪下半期到 19 世纪上半期。但是，古音学则肇自明中叶，古文字学则直到辛亥革命以后，实际上是从 17 世纪到 20 世纪，三百多年的时间。

我们一方面承认中国自先秦时代就有了语言研究，但是另一方面也应该指出，严格的语言科学，只能算是从这个时期开始。一系列的重大问题都被陆续提了出来，并且解决得很好。第一是建立了历史发展观点。段玉裁所说的"有古形，有今形，有古音，有今音，有古义，有今义"，在今天看来，问题多么简单！但是古人就在这些问题上栽跟头！第二是弄清楚了文字的性质及其物质基础。文字不是直接代表概念的，而是通过有声语言来代表概念，有声语言是文字的物质基础。"诂训之旨，本于声音"，这是非常重要的发现。第三是认识到必须通过训诂来了解古人的思想，否则我们既不懂古人的话，所谓"通经"也是枉然。钱大昕说："有文字而后有诂训，有诂训而后有义理。诂训者，义理之所出，非别有义理出乎诂训之外者也。"①又说："自晋代尚空虚，宋贤喜顿悟，笑问学为支离，弃注疏为糟粕，谈经之家，师心自用，乃以俚俗之言，诠说经典。"②这个意见是完全正确的。以上三个大原则，贯串在清代各种著名的小学著作中，使这一个时期的语言学论著远远地超过前人。

有人寻求清代小学发达的原因，以为清儒躲避现实，走向考据。这是不能说明问题的。同样是躲避现实，晋人则崇尚清谈，清儒则钻研经学，可见躲避现实决不能成为学术发展的原因。相反地，资本主义萌芽倒是清代学术发展的原因。其次，西洋科学的发达，对清代的汉学虽没有直接的影响，却有间接的影响。举例来说，明末西欧天文学已经传入中国，江永、戴震都学过西欧天文学。一个人养成了科学

---

① 钱大昕《经籍籑诂·序》。
② 钱大昕《经籍籑诂·序》。

脑筋, 一理通, 百理融, 研究起小学来, 也就比前人高一等。因此, 我们把清代语言学发达的原因归结为资本主义上升时期的影响, 并不是讲不通的。

清代研究"汉学师承", 这是很有道理的。就小学方面说: 江永的弟子有戴震, 戴震的弟子有段玉裁、孔广森、王念孙, 而王引之与王念孙则是父子关系。俞樾是私淑王氏父子的, 俞樾的弟子有章炳麟, 章炳麟的弟子有黄侃。其他各人, 即使是没有师生关系, 也是在学术上递相接受了深刻影响的。这样一脉相传, 有利于把优良的东西继承下来。为学如积薪, 后来居上, 所以弟子不必不如师, 师不必贤于弟子。清代学术的发达, 这也是原因之一。

清儒的学风是优良的。江永在古音学上推崇顾炎武, 称为"特出", 但是他说: "细考《音学五书》, 亦多渗漏。"戴震和段玉裁是师生关系, 二人相与论韵, 先后十五年。戴氏在公元 1769 年不赞成段氏支脂之分为三部之说, 直到公元 1773 年春, 戴氏"将古韵考订一番", 然后"断从此说为确"①。戴氏定古韵为九类二十五部, 写信给段玉裁说: "顾及大著未刻, 或降心相从而参酌焉。"戴氏没有摆老师的架子, 要求段氏必从; 段氏也本着"吾爱吾师, 吾尤爱真理"的精神, 没有因此而改动他的古韵十七部, 他们堪称师弟中的二难。段玉裁为江有诰的《江氏音学》作序, 奖励后进, 不遗余力, 不但不因为江有诰修正他的十七部而有所不满, 反而在一些地方做到了"降心相从"。这种服从真理的精神, 令人惊叹! 王筠作《说文释例·跋》, 其中有云: "且著书者每勇于驳古人, 而怯于驳今人, 谓今人徒党众盛, 将群起而与我为难也。然使群起难我, 我由之而讲其非以趋于是, 则我愈有所得矣; 或以非义之词相难, 则人皆见之, 而我亦无所失矣。"这种实事求是的、百家争鸣

---

① 见段玉裁《声类表·序》。

的精神，也是非常可贵的。这样勇于辩论、勇于吸取别人优点、以学术为天下公器的优良学风，也是推动清代语言学向前发展的因素之一，是不容忽略的。

但是，清代语言学的研究，也有三大缺点：第一，是小学作为经学的附庸。虽然清儒以述为作，有了许多创造，但是终于为框子所限制，语言学不能独立起来成为一种科学。第二，是研究基本局限在先秦两汉的一个平面上。清儒虽然有了历史发展观点，但是是古非今，眼睛不是向前看的，而是向后看的。小学既然只为经学服务，就不重视现代语言的研究，即使是研究现代方言，也涂上复古主义的色彩，以证明方言中保存着许多古代词语为目的。这样，就使中国语言学停滞在"考古"的阶段，不但不能产生描写语言学，甚至不能产生真正的历史语言学。第三是滥用古音通假的说法。以古音求古义的原则是对的，但是把声近义通作为臆断的护符则是不对的。语言有社会性，文字也有它的社会性，不能设想古人专爱写别字。王氏父子治学谨严，所证也还不能尽是。俞樾、章炳麟则每况愈下，借声近义通的原则来助成武断，此风至今未泯。

我们对清儒的学术成就，既不能虚无主义地一概加以抹杀，也不能发思古之幽情，全面地加以肯定。唯有看清楚当时的历史条件，予以正确的评价，然后能鉴往知来，有益于后世的语言学工作者。

第四章 西学东渐的时期

第一节 语法学的兴起及其发展①

中国语言学曾经受过两次外来的影响：第一次是印度的影响，第二次是西洋的影响。前者是局部的，只影响到音韵学方面；后者是全面的，影响到语言学的各个方面。

从清末到解放以前，西洋的影响，基本上是资产阶级语言学的影响。自从公元1840年鸦片战争失败以后，许多知识分子都以为要救国，只有维新；要维新，只有学外国。这种政治思想反映在学术观点上，就是把西洋的学术搬到中国来。具体到语言学上，也是把西洋的语言学搬到中国来。直到解放以前，除了极少数的马克思主义者以外，中国语言学始终是以学习西洋语言学为目的。这样，中国语言学就是从封建主义转移到资产阶级的，整个时期可以称为西学东渐的

---

① 本节参考资料有：王立达编译《汉语研究小史》34—37页，商务印书馆1959。马建忠《马氏文通》序、后序、例言。杨树达《高等国文法》序。杨树达《马氏文通刊误》自序。黎锦熙《新著国语文法》自序及引论。何容《中国文法论》。龙果夫《汉语语法纲要》俄译本序。见王了一《汉语语法纲要》，新知识出版社1957。《解放前汉语语法的研究》，见于《语言学研究与批判》第二辑。

时期。

在本节里，我们讲的是语法学的兴起及其发展。中国古代学者们也曾注意到一些语法事实。例如《说文》："者，别事词也。""皆，俱词也。""曾，词之舒也。""乃，词之难也。""尔，词之必然也。""矣，语已词也。"《说文》所谓"词"，大致等于今天所谓虚词。《说文》："词，意内而言外也。"《系传·通论》引作"音内而言外"。徐锴说："惟也，思也，曰也，兮也，斯也，若此之类，皆词也，语之助也。"清刘淇著《助字辨略》，"助字"也就是"语助"。清代王引之著《经传释词》，释的就是《说文》所谓"意内言外"的"词"。但是，虚词虽是语法成分，如果单从词汇上看它的意义，不从语法上看它的作用，仍然不能算是语法著作。《文心雕龙·章句》说："至于'夫、惟、盖、故'者，发端之首唱；'之、而、于、以'者，乃札句之旧体；'乎、哉、者、也'，亦送末之常科。"这倒是讲了虚词在句中的位置，但是也远不能满足语法的要求。佛教上有所谓"声明"，其中包括语法，当佛经传到中国时，梵语语法也曾传入中国，当时也有人学过声明。但梵语语法的研究并没有引起人们对汉语语法的注意。

关于词类的划分，从前也曾涉及过。大约在宋代就有了动字和静字的分别：动字等于今天的所谓动词，静字等于今天所谓名词。这也可以算作语法的萌芽，但是距离整个语法体系的建立，还是很远的。中国真正的语法书，要算《马氏文通》为第一部。所以我们就从《马氏文通》讲起，直到解放前为止。我们共分为两个时期来讲：第一是兴起时期（1898—1935），以马建忠、杨树达、黎锦熙为代表；第二是发展时期（1936—1948），以王力、吕叔湘、高名凯为代表。在这六个人的著作中，我们着重讲马建忠的《马氏文通》。

一、兴起时期

马建忠,字眉叔,江苏丹徒人,天主教徒,毕业于法国巴黎大学。他的小学根柢很好,又通拉丁语和法语。他在法国学法科,兼通声光电化等自然科学。回国后,在政治上是办洋务的人物,在学术上则可以说是学贯中西。在今天看来,他在政治上是失败了,他的一部语法著作对中国文化却是有贡献的。

应该指出,19世纪末期,欧洲语言学已经很发达了,而马建忠似乎并没有学过语言学,他所著的《马氏文通》只是受了西洋葛郎玛(grammar)的影响。

后代人们常说《马氏文通》是硬套西洋语法的。但是我们应该深入研究《文通》的内容,然后才能够作出正确的判断。本来,在语法学的初期,以西洋语法作为模特儿来研究语法,是不可避免的事。我们所要注意的是:在当时的历史条件下,马建忠的著作算是杰出的。具体表现在:

(1)马氏精通拉丁语和法语,他拿西洋语言来跟汉语比较,是全面而精到的,与后来那些一知半解、仅凭一部《纳氏文法》来比附的相比较①,有上下床之别。

(2)马氏精通古代汉语,此书以古代汉语为对象,唯有像他那样对文言文能读能写的人,才有很好的条件对古代汉语进行深入的分析。

(3)马氏在著作中有许多独到之处,《马氏文通》可以说是富于创造性的一部语法书。他开创中国语法学的功劳是很大的,正所谓"不废江河万古流"。照搬西洋语法的地方固然也不少,但不能因此抹杀此书的价值。

---

① 《纳氏文法》是 Nesfield 所著的英语语法,民国初年,中学多采用作为课本。

　　《马氏文通》全书分为四部分：第一部分是正名，这是对各种语法术语所下的定义，马氏称为"界说"①。总共有二十三个界说。第二部分是实字，即今天所谓实词。马氏把实字分为五类：第一是名字，即今天所谓名词；第二是代字，即今天所谓代词；第三是动字，即今天所谓动词；第四是静字，即今天所谓形容词；第五是状字，即今天所谓副词。第三部分是虚字，即今天所谓虚词。马氏把虚字分为四类：第一是介字，即今天所谓介词；第二是连字，即今天所谓连词；第三是助字，即今天所谓语气词；第四是叹字，即今天所谓感叹词。第四部分是句读。句，就是今天所谓句子；读（音 dòu，今写作"逗"），大致等于今天所谓分句。

　　《马氏文通》摹仿西洋语法的地方自然是很多的。现在试举一些典型的例子：

　　接读代字　　接读代字等于西洋所谓关系代词（relative pronouns）。马氏以"其、所、者"三字为接读代字②。

　　约指代字　　马氏所谓约指代字，是"皆、多、凡"等③。这是受了法语语法的影响，因为法语的 tout（皆、凡），plusieurs（多）在用作主宾语的时候都算作代词④。

　　方位词代替介词之用　　马氏以为记时记地的话，"上、下、内、外"等词放在地名、人名、时代的后面，总是前面不加介词的，在此情况下，"上、下、内、外"就代替了介词的作用⑤。这种说法，很像后来有些外国汉学家说这些方位词是"后置词"。

---

①　"界说"与"定义"都等于英语的 Definition，这只是译名的不同。
②　《马氏文通》校注本上册60—78页，中华书局1954。
③　《马氏文通》校注本上册96—103页。
④　但与法语语法也不完全符合。
⑤　《马氏文通》校注本119—121页。

坐动与散动　马氏所谓"坐动",等于西洋语法的定式动词(finite verbs)。所谓"散动",等于西洋语法的不定式动词(infinite verbs)①。

助动字　马氏以"可、足、能、得"为助动字②。这显然是照抄西洋的助动词(auxiliary verbs)。

但是,我们如果说马建忠完全照搬西洋语法,那是不公平的。马氏在许多地方都照顾到汉语的特殊情况,并没有生搬硬套。现在举其荦荦大者三事为例:

马氏在例言中说:"此书主旨,专论句读。"虽然实字与虚字所占篇幅最大,但是,把实字与虚字讲清楚了,正是为句读服务的。所以他说:"惟字之在句读也,必有其所,而字字相配,必从其类,类别而后进论夫句读焉。"我们知道,西洋语法一般分为音韵、形态、句法三部分,而以形态部分为主。马氏在书中完全没有讲汉语的形态学,在今天看来可能是太过了,但是,在当时来看,的确是从汉语具体情况出发,不肯照抄。我们试看德国汉学家加贝伦兹(Gabelentz)在1881年所写的汉语语法就说汉语名词共有五个"格"③。马建忠如果生搬硬套西洋语法,为什么不像加贝伦兹之所为呢?

马氏在词类中建立助字一类,这是很大的创造。在此以前,中国所谓助字是泛指虚词;马氏所谓助字,指的是语气词。今天我们看来并没有什么稀奇,但是,我们试想,西洋语法中所没有的东西,凭空加了进去,这是墨守西洋语法的人所敢设想的吗?直到马氏以后还有人说助字不过是副词之一种,可见欲抄西洋不患无辞。在这一点上,可以看见马氏的卓识。

---

① 《马氏文通》校注本263—287页。

② 《马氏文通》校注本234—241页。

③ 参看王力《中国语法理论》。

马氏立"象静司词"。"象静"就是一般形容词，"司词"是介词后的名词，这里指形容词后的名词。如《论语》"言寡尤，行寡悔"，"尤"与"悔"被认为象静司词，这也是照顾了汉语的特点。

马建忠由于是拿拉丁语法来跟汉语语法比较的，凡是汉语语法跟拉丁语法接近而跟英语违异的地方，他都讲得较好。这里也举两件事来说明：

《马氏文通》说："又句读中，凡名字用以记地、记时、记价值、记度量、记里数，类无介词为先者，皆可见同宾次。"①我们知道，拉丁语中的介词是比较少用的，不用并不是省略。马氏在这里不谈省略，正是合理的。

马氏不把系词归入动词，而称为断词，放在静字的一卷内，这显然是受拉丁语法的影响。系词后面的形容词或名词称为表词，这也是受拉丁语法与法语语法的影响（法语 attribut），与英语不同。他说："静字而为表词，必置起词之后。后之者，即决为如斯之口气也。口气决而意达，意达则句读成矣。其句读之起词（即主语），名、代、顿、豆无论也，而概为静字。然有以名字与顿、豆为之者，则必用若静字然。"②这里完全没有谈到系词省略的问题，因为拉丁语的名句（即描写句与判断句）本来就不是必须用系词的。

马氏以后，有许多人都批评他照抄西洋语法，这其实是没有细读他的书；又有许多人批评他不合理论（即不懂语法理论），其实是所见不广，用英语语法的眼光来看《马氏文通》。作为一个筚路蓝缕以启山林的开路先锋，马建忠做到这个地步是很不容易的。

马氏在理论上也有一些缺点。其中最重要的是缺乏历史主义观

---

① 《马氏文通》校注本上册 118 页。
② 《马氏文通》校注本上册 106 页。

点。他在序文中把语法看成是"有一成之律贯乎其中,历千古而无或少变"。他的意思是说,字形、字声是最易变的,而语法则是千古不变的。他把先秦的古语与千年后的韩愈的语言看成是同一的研究对象,这样古今杂糅,是语法不变论的逻辑结果。马氏的非历史主义又表现在抹杀语法的民族特点。他说:"而亘古今,塞宇宙,其种之或黄、或白、或紫、或黑之钧是人也,天皆赋之以此心之所以能意,此意之所以能达之理。"虽然他也注意到某些不同之点,但是他说"其大纲盖无不同"①,还是错误的。

《马氏文通》出版以后,有许多汉语语法书跟着出版,大体上是因袭马书的体系。其中有一些改变,那就是改得更像英语语法。马建忠对欧洲语言所知较多,眼界较宽,他并不是以英语语法作为标准的。而且书中又照顾了中国旧有的词章学上的和小学上的一些概念,以致只读过英语语法的人感到生疏。因此,只有越改越像英语语法了。陈承泽《国文法草创》批评说:"坊间通行之中国文法,大抵以外国文法为楦,而强以中国文法纳之,所谓削足适屦的文法。"但是,如果视野不广,只看见英语而看不见世界各民族的语言,甚至看不见欧洲各种主要语言,空谈不模仿是无济于事的。

陈承泽的《国文法草创》是一部较好的语法理论著作。他对马建忠的讲法有许多修正,主要是做到词有定类,分别本用与活用。

杨树达,字遇夫,湖南长沙人。他在语法上的主要著作有《高等国文法》(1920)、《词诠》(1928)、《马氏文通刊误》(1931)等。其他方面的主要著作有《老子古义》《论语疏证》《汉书窥管》《中国修辞学》《积微居小学金石论丛》等。杨氏继承了乾嘉的朴学,各方面的造诣都颇

---

① 《马氏文通·后序》校注本上册5页。

深。他的语法著作,显然是从高邮王氏父子那里继承了很多东西。《词诠》等于一部新《经传释词》。即以《高等国文法》而论,也等于拿一部新《经传释词》进行一种新的排列法。

《高等国文法》和《词诠》都是很好的材料书,材料搜罗得相当丰富。对虚词的解释,一般地说是能取王氏父子之长而舍其短的。

《马氏文通刊误》在校订工作上也做得很好。马建忠引书很粗心,许多材料上的错误都得到了纠正。至于涉及语法理论,杨氏就不一定比马氏高明,而且以英语语法去纠正拉丁语语法也是牛头不对马嘴的。

总的说来,杨氏在语法体系上没有什么可取之处。凡是他与马建忠违异的地方,往往也就是执着英语语法的地方。例如他把"所"字改称为助动词,实际上是受了英语被动式须用助动词的语法的影响。他把"在、居、适、诣、之、如、涉、过"等字认为关系内动词,不认为外动词,正是由于这些词译成英语是内动词。有时候,好像他是独出心裁,无所依傍,如以"之"字为连词。总之,杨氏长于考据而短于理论,所以他在语法体系上没有什么创获。

从原则出发,而不是从材料出发,这是杨氏在研究方法上的缺点。例如《马氏文通》分析《汉书·陆贾传》"乃病免家居"一句,以为"病、家"二字在动字的前面而又不是主语,应视同宾语。杨氏硬说《陆贾传》本当云:"以病免,于家居。"原文省去"以、于"二字,而以为马说"于理论不合"。其他讲到"理论不合"的地方很多。杨氏在这一点上比不上严复。严复在《英文汉诂·序》中说:"文谱者,讲其所以习,非由此而得其所习也。"以某种"理论"作为语法的准绳,而不顾语言事实,则这种所谓"理论"是站不住脚的。

黎锦熙,字邵西,湖南湘潭人。他的主要著作有《新著国语文法》

(1924)和《比较文法》(1933)，而以前者的影响为最大。《新著国语文法》的最大特点是在最大程度上仿照英语语法，例如黎氏把"是"字后面的实体词叫做"补足语"或"补位"①，"有"字后面某些名词被认为是主语②，又有所谓"双宾位③、包孕复句"等④，这都是依照英语语法的。尽可能和英语语法一致是当时此书成功的主要原因。这是当时的潮流。黎氏的汉语修养好，又费了很长时间搜集丰富的材料，所以他的成就在同时代的许多语法学家之上。

　　放弃形态学，专讲造句法，马建忠就是这样做的。黎锦熙想得更深一层，他觉得"若单讲词类底分品和变形，在西文已经是国各不同，在国语更是绝无关系了"，所以应该打破"词类本位"，而创立"句本位"的"文法"。实际上他已经走到"汉语无词类"说的边缘。他说："国语的词类，在词的本身上无从分别，必须看他在句中的位置、职务，才能认定这一个词是属于何种词类。"⑤在这一点上，他和陈承泽是背道而驰的。

　　词有定类或词无定类（事实上等于无词类），这是汉语语法学上长期争论的问题，将来还要争论下去。这是百家争鸣的问题。

　　黎书作为教科书来看是一部好书：条理分明，分析详尽。书中采用了图解法，也是采用了英语语法教学的经验，在教学上是有一定作用的。

　　黎氏在中国语言学上的主要贡献在于以白话文作为语法研究的对象。这也是时势造成的：五四运动以后，白话文风行全国，以白话文

①　黎锦熙《新著国语文法》55—58 页，商务印书馆 1925。
②　黎锦熙《新著国语文法》49 页。
③　黎锦熙《新著国语文法》34—35 页。
④　黎锦熙《新著国语文法》250—264 页。
⑤　黎锦熙《新著国语文法》6 页。

为对象的语法书也就应运而生了。

黎氏的主要缺点是先有理，后有法。他在《新著国语文法》引论中说："思想底规律，并不因民族而区分，句子底逻辑的分析，而不因语言而别异。"他这句话的前半说对了，后半却说错了。各个语言中的句子结构，不可能有先验的逻辑的分析。黎氏所谓"逻辑的分析"往往是以英语的造句法为标准。他之所以特立一类"关系内动词"，是看见这些词在英语中只算内动词（"坐、骑、到、进、过"等），而它们在汉语中却不须经过介词的中介而直接带上宾语①。他认为"你坐车，我走路"里面的"车"与"路"都很像宾语，但是要作副词的性质看待②。黎氏又常常谈省略，也是因为他心目中有一个先验的理。例如在分析"这座铁桥，〔　〕今年秋季完工"的时候，他说："这句话若是冬季说的，就属过去，〔　〕中可以说是省了一个介词'当'字；若是春夏季说的，就属将来，〔　〕中也可以说是省了一个介词'到'字。"这样任意谈省略，主观地填充一个所谓被省略了的词，而且这个词可以随季节而异，显然是研究方法上的缺点。

二、发展时期

1936 年 1 月，王力发表了《中国文法学初探》一文，对前此的汉语语法研究方法进行了批判。他反对模仿西洋语法。他认为拿西洋语法来比较研究是可以的，但是他说："我们对于某一族语的文法的研究，不难在把另一族语相比较以证明其相同之点，而难在就本族语里寻求其与世界诸族语相异之点。看见别人家里有某一件东西，回来看看自己家里有没有，本来是可以的，只该留神一点，不要把竹夫人误认

①　参看《新著国语文法》124 页。"关系内动词"大约是受了杨树达的影响。
②　参看《新著国语文法》53 页。

为字纸篓。"他的意思是要从客观材料中概括出语言的结构规律,而不是从某些先验的语法规则中审查汉语。他在文中也提出了历史观点,以为古今语法是不同的。1937 年 1 月,他发表了《中国文法中的系词》,也表现了他的历史观点①。

王力在语法方面的著作,除了上述两篇论文以外,还有《中国现代语法》(1943)、《中国语法理论》(1944)、《中国语法纲要》(1946)等②。此外,在他所著的《中国语文概论》(1939)里③,也讲到一些语法问题。《中国现代语法》和《中国语法理论》是互相配合的两部书④:前者专讲规则,后者专讲理论(即为什么定出这些规则来)。《中国语法纲要》则是《中国现代语法》的简编。

王力在他的著作中把句子分为叙述句、描写句、判断句;又把汉语句法上的特殊结构分为能愿式、使成式、处置式、被动式、递系式、紧缩式、次品补语、末品补语;又把副词的范围缩小为一般不能修饰名词的词,把"了、着"等字认为情貌(aspect)的记号;又详细讨论了称数法。这些理论在语法学界都起了较大的影响。这是重视汉语特点的结果。

王力的语法著作深受丹麦叶斯柏森(Jespersen)的《语法哲学》、法国方德里叶斯(Vendryes)的《语言论》和美国布龙菲尔德(Bloomfield)的影响。特别是对于叶斯柏森,无条件地采用了他的"三品说"。"三品说"本身有着严重的缺点,王力又把它和布龙菲尔德的"中心说"混在一起,以致互相矛盾,影响了他的优点。

---

① 当时他以为六朝时代才产生系词,时代定得太晚了一点。但是,上古没有系词,这个意见,他至今还是坚持的。
② 《中国语法纲要》是用王了一的名义写的,1957 年改名为《汉语语法纲要》。
③ 《中国语文概论》,1950 年改名为《中国语文讲话》,1955 年改名为《汉语讲话》。
④ 这两部书的前身是西南联合大学的《中国现代语法讲义》(1940—1941)。

吕叔湘在语法上的著作有《中国文法要略》(1941)和在1940年开始写的一些关于汉语语法的论文(后来合编成《汉语语法论文集》，1955年出版)。

《中国文法要略》的最大特色，是在书的后半部提出了"表达论"。这是从思想内容到表达形式的一种研究方法。"表达论"从十个角度来分别句子的种类：(1)正反、虚实；(2)传信；(3)传疑；(4)行动、感情；(5)离合、向背；(6)异同、高下；(7)同时、先后；(8)释因、纪效；(9)假设、推论；(10)擒纵、衬托。这种从内容到形式的方法也是比较新的方法。

吕氏在1941年前后，曾发愿要写一部近代汉语历史语法，所以先陆续发表一些文章。他根据唐宋以后的语录、笔记、词曲、小说等，研究了近代汉语中的一些虚词。他这样重视近代白话，跟马建忠以为两汉以后只有韩愈仅知文理，是一个鲜明的对比。这些文章都写得很扎实，有分量，有确凿的证据。其中也有关于上古语法的文章，例如《论"毋"与"勿"》，其中有很细致的分析。吕氏在早年就注意研究历史语法，比起马建忠千古不变的理论，是大大地推进了一步。

高名凯在语法上的著作有《汉语语法论》(1948)。这是纯理论的著作，和王、吕二家都不同。吕氏的《中国文法要略》是一部语法书，叙述各种规则；王氏的《中国语法理论》虽然专讲理论，但是只是为《中国现代语法》作说明，而高氏则专讲理论。书中包括"句法论、范畴论、句型论"等三编。句法论着重在讲词与词的关系，分为"规定、引导、对注、并列、连络"等六个类型。句型论分为"否定、询问、疑惑、命令、感叹"等五个类型①。高氏曾经研究哲学，对逻辑学也有修养，所以善于分析问题。他的语法理论都是在方德里叶斯语言学说的强烈影响下产生的，所以语法体系与王、吕两家大大不同。

尽管三家的语法体系各不相同，但是他们有一个很大的共同点：都是以普通语言学为理论指导来进行研究工作的。这是这个时期和语法初期的明显分野。在语法初期，马建忠固然绝口不提普通语言学，杨树达等偶然提到了一些语言学理论，也都只是作为一种点缀品，黏附在上面，很不调和②。惟有这个时期的语法学家们才真正研究了普通语言学，真正运用了普通语言学。汉语语法学到这个时期之所以发展为一个新的阶段，原因也在于此。

但是，就在这个优点之中也隐藏着缺点。他们只知道把西洋的语言学方法应用到汉语语法上来，而不知道很好地结合汉语的具体情况来进行创造。于是在多数情况下还不能突破西洋的语言学方法的框子，有时候甚至拿自己所信奉的普通语言学家的理论来套汉语的材料。王、吕主要是依靠了叶斯柏森，高氏是依靠了方德里叶斯。这样就不免傍人藩篱，始终不能彻底地创立中国的风格。

王、吕、高三家还有一个共同的缺点，就是过于重视书面语言，而忽略了有声语言。他们都是南方人，对普通话的轻音、儿化不熟悉，不能从语调、变音等方面研究它们跟句法的关系。例如王氏把许多双音词看成了"仂语"（即词组），也就是不考虑轻音的缘故。

汉语语法学是一门新兴的科学。从1898年到解放以前，仅仅走

---

① 《汉语语法论》在1957年有修订版。修订的地方很多，例如把范畴论移到造句论（原名"句法论"）的前面；把讨论词类的一章从绪论里抽出，加以重写，插在构词论里；把原有的"句法论、范畴论""句型论"三编改为"构词法、范畴论、造句法"等编。

② 例如杨树达的《高等国文法》第一章总论讲到"言语之起源、言语之变迁、言语之类别及国语、国语之缘起及其发展"等，都是与其他各章不发生关系的。而且他所讲的主要是中国古代的理论，不是西洋一般语言学的理论。

了两步,离开成功地建立汉语语法科学体系时期还是遥远的。

第二节　西欧汉学家对中国语言学的影响①

西欧汉学家虽多,但是对中国语言学产生影响的不多。影响较大的只有一个高本汉(B. Karlgren)。因此,我们在本节里,主要只谈一个高本汉,以及他对中国语言学的影响。和高本汉有过辩论的汉学家,如马伯乐(H. Maspero)、西门(Walter Simon),也附带谈一谈。

高本汉(1889—1978),瑞典人,哥德堡大学教授、校长,远东考古博物馆馆长。主要著作有《中国音韵学研究》(1926)②、《藏语和汉语》(1931)、《诗经研究》(1932)、《汉语中的词族》(*Word Families in Chinese*,1934)③、《中日汉字形声论》(*Grammata serica*, *Script and Phonetics in Chinese and Sino-Japanese*,1940)、《汉语》(1949)、《中古及上古汉语语音学简论》(1954)等。

亨利·马伯乐,法国人,所著有《越南语音史研究》(1912)、《唐代长安方音》(1920)等。伏尔特·西门,德国人,已入英国籍,所著有《关于上古汉语辅音韵尾的重建》(1928)等。

西欧汉学家研究汉语,跟中国传统的汉语研究大不相同。他们都经过了普通语言学和比较语言学的训练,懂得语言是一个系统,懂得古音可以"重建"等等。拿西洋的语言学理论来指导汉语的研究,是开辟了一个新园地。高本汉在叙述他的研究过程时说:"因此,我责成我

---

① 本节参考资料有:张世禄《中国音韵学史》下册345—363页。王立达编译《汉语研究小史》22—33页。高本汉《中古汉语的重建》,原载《通报》第二十卷(1922年),林语堂有译文,题为《答马斯贝罗论切韵之音》,载于他们所著的《语言学论丛》162—192页。
② 这书有中文译本,赵元任、李方桂、罗常培合译,1940年由商务印书馆出版。
③ 中文译本名为《汉语词类》,张世禄译,1937年由商务印书馆出版。

自己追随着这些显赫的学者们(指清儒)的开路工作,而把现代西方语言学的方法应用到他们所搜集的材料上去,以便重建一个相当古的阶段的汉语语音系统,作为有效地研究方言的必要基础。"①可以概括成一句话:中国的材料加上西方语言学的观点,就是西欧汉学家研究汉语的总出发点。

清儒对于古音,只讲音系,不讲音值。章太炎的《二十三部音准》虽然讲了音值,但是没有音标,讲不清楚,而且也没有足够的论证②。只有运用西方语言学的重建方法,才能把古音构拟出来。

在高氏以前,已经有一些西洋人注意到汉语语音史的问题。最初有 Edkins(艾约瑟)、Volpicelli、Kcihuest 都写了文章,但是还都不能成为专门之学。到了 1900 年,沙昂克(Schaank)在巴黎《通报》上发表了一篇《古代汉语语音学》,才算比较有科学条理,比较有价值。其后伯希和(Pelliot)于 1911—1914 年在《通报》及《亚洲研究杂志》发表了好几篇论文,马伯乐又于 1912 年在《远东学院学报》发表了《越南语音史研究》,他们对《切韵》音系都有一些假设。高本汉就在这个基础上,写成了《中国音韵学研究》,于 1915、1916、1917 年陆续发表在《远东学院学报》上。后来马伯乐于 1920 年发表了《唐代长安方音》,高本汉采纳了他的一部分意见,将《中国音韵学研究》加以修订,印成单行本,1926 年出版。

高本汉对汉语的中古音和上古音,都有一套音值构拟。这些构拟,不但对外国汉学家们影响很大,对中国语言学的影响也很大。现在就中古音与上古音的重建,分别加以叙述。

---

① 高本汉《汉语》(*The Chinese Language, An Essay on its Nature and History*)33 页。
② 参看王力《汉语音韵学》。

一、关于中古音的重建

在进行重建中古汉语的时候,高本汉主要是运用了三方面的材料:

(1)韵书和韵图　韵书指的是《广韵》。他研究了其中的韵部和反切,把它看成是《切韵》的系统。韵图指的是《切韵指掌图》和《经史正音切韵指南》。后者实际上只是《康熙字典》卷首的《等韵切音指南》。

(2)汉语方言　高本汉曾在山西、陕西、甘肃、河南等省旅行过,调查了太原、大同、太谷、兴县、文水、凤台(即今晋城)、西安、三水(即今旬邑)、兰州、平凉、开封、怀庆(即今沁阳)等地的方言。其他如广州、客家、汕头、福州、上海、南京、四川等方言,则根据间接的材料。

(3)外语借词　主要是四种借词:第一是日译吴音(5—6世纪),第二是日译的汉音(7世纪),第三是朝鲜借词(约在公元600年),第四是越南借词(9—10世纪)。

韵书和韵图是音系的根据。上文第二章第二节说过,韵书和韵图是有矛盾的。高本汉处理这个矛盾的方法是:韵书能分而韵图不分的地方,应依韵书,例如元、仙两韵虽同在山摄三等,应该重建为不同的韵母。影系、见系、帮系一二四等与三等,照系二等与三等,在反切中是分立的,仍依韵书,例如韵书中仙韵开合口各只有一类①,而它在韵图中兼有二三四等,仍应重建开合各为一个韵母。

方言与外语借词都作为重建的证据。例如二等看韵应从广州音独立,既不混于一等的豪,也不混于三四等的宵、萧;喻母三等与四等

---

① 这是依高本汉的考证。陈澧《切韵考》则认为仙韵开口有一类,合口有两类。

应从越南借词分立,因为在越南借词中,喻三是 v-,喻四是 z-①。最难区别的是三等韵与四等韵的分立,如祭与齐、仙与先、宵与萧、盐与添,在汉语方言中都已混了。但是,在朝鲜借词中,仙与先、盐与添有明显的分别(先、添有韵头 i,仙、盐没有),高氏就根据朝鲜的读音把三、四等区别开来。

前人对于韵图中的分等,是莫名其妙的。如果按照后代所谓四呼(开齐合撮)来了解,则开合各只有两等,怎么能有四等呢?当然,内转各摄事实上只有两等(一等自成一类,二、三、四等合成一类),自然不成问题。外转的江摄只有二等字,假摄事实上也只有两等(二等自成一类,三、四等共为一类),也似乎不成问题。至于臻摄实际上有三个等(一等、二等、三等),梗摄实际上有四个等,就大成问题了。高本汉必须攻破这头一关,才能研究下去。解决的办法有三个:第一,是假定有四种不同的韵头;第二,是假定有四种不同的主要元音;第三,是假定韵头和主要元音基本上都不相同。高氏最初企图用第三种办法来解决。他假定蟹、山、效、咸四摄的一等主要元音是 â,二等是 a,三等和四等都是 ä;二等 a 前面有一个性质未明的 i,写作小 i,即 ⁱa;三等 ä 前面有一个辅音性的 i,写作i̯,即 i̯ä;四等 ä 前面有一个元音性的 i,即 iä。合口呼照办,一、二、三、四等写成 wâ、wa、i̯wä、iwä。一眼就可以看出,这是非常机械的办法,人为性是很明显的。

高本汉还必须攻破第二关,那就是在《切韵指南》同图同等而《广韵》里不同韵的拟音。例如:真与欣、谆与文、仙与元、清与庚三、盐与严、祭与废等。高氏以为也是韵头 i 的强弱不同。于是他把欣韵拟成 jan,文韵拟成 jwan,元韵拟成 jän、jwän,庚三拟成 jäng、jwäng,严韵拟成

---

① 喻母四等在越南借词中实际读 z。现在说是 z-,是依照高氏的《方言字典》。

jäm(由此类推,凡韵拟成 jwäm),废韵拟成 jwäi 等①。这是所谓第三种介音 i,连同上述二等的性质不明的韵头 i,总共有四种 i 音。其机械硬凑,更难令人相信。高氏只要求把音系分得开,至于四种 i 音在具体语言中有无现实的可能性,完全不加考虑。

马伯乐发表了他的《唐代长安方音》以后,高本汉接受了他的意见,对原方案提出三点修正:

(1)对于二等字除掉寄生的小 i,例如"家"作 ka,不作 kⁱa;

(2)真(谆)韵作i̯ĕn,不作i̯an;

(3)元、严、凡、废、庚改用-i̯ɐ。

除了这三点以外,还有一点也算是修正吧。本来他只说辅音性i̯后面的元音是较开的,但是三、四等的主要元音一律写作 ä,经过与马伯乐一辩论,他索性把四等的主要元音拟成了 e。表面上看来,改变不大,实际上是把主要的缺点都改了。拿真正具有四个等的韵摄来看,四个等的韵母的构拟原则如下:

(1)主要元音由洪到细,四个等都不同,其音值是一等 ɑ,二等 a,三等 ä,四等 e。

(2)只有三、四两等是有韵头的,三等韵头是辅音性的 i̯(和腭化声母配合),四等韵头是元音性的 i。

(3)在三等韵中,同图同等不同韵,不用第三种介音 i 来表示,而用不同的主要元音来表示。如元改为 i̯ɐn、iwɐn,欣、文改为 i̯ən、i̯wən(真、谆改为i̯ĕn、i̯uĕn)。

声母方面,主要是腭化音的问题。陈澧《切韵考》已经证明了见系、晓系、帮系等三等字自成系统,其反切上字与一、二、四等不同,高本汉以为是由于三等字是腭化声母的缘故,因而把见系三等拟为 kj

---

① j 本指声母腭化,这里兼指某种弱音i̯。

等,晓系三等拟为 xj 等,帮系三等拟为 pj 等。马伯乐同意了腭化的看法。

还有浊母送气和日母音值的问题。高本汉以为全浊声母是送气的,马伯乐以为是不送气的。高本汉以为日母是个 ȵz,马伯乐以为是个 ñ(=ȵ)。高本汉对于声母的意见始终如一,所以这里不详细叙述他的研究过程了。

二、关于上古音的重建

早在 1923 年,高本汉写他的《分析字典》的时候,就已经注意到汉语上古音的问题。在他的《分析字典》的绪论中,有一节是讨论谐声原则的。他最突出的论点有两个:

(1)喻母四等分为三类:(a)甬类,上古音为 d,故甬声有通;(b)匀类,上古音为 g,故匀声有钧;(c)羊类,上古音为 z(邪母上古音为 dz)。

(2)上古有韵尾-g、-d 和入声韵尾-k、-t 相当①。例如"乍"的上古音是-g,故乍声有"昨"-k;"敝"的上古音是-d,故敝声有"瞥"-t。

西门在 1928 年写了一篇《关于上古汉语辅音韵尾的重建》,他本来主张中古入声收音于-g、-d、-b,所以他说上古汉语的阴声韵尾应该是 γ、ð、β。高本汉在同年写了一篇和西门辩论的文章,题为《上古汉语的几个问题》。在这一篇文章和《诗经研究》里,他修正了他的说法,认为入声分两类,不妨同样收-k 或同样收-t,其中有一类是降调,后来就变了去声。到了《汉语中的词族》里,他又取消了他的修正案,回到《分析字典》的老路上去,主张去声收-g、-d、-b,入声收-k、-t、-p。

关于上古汉语阴声韵的平声和上声字,高氏在《分析字典》中,一般还没有加上辅音韵尾,到了《上古汉语的几个问题》《诗经研究》和

---

① 高氏也认为上古有韵尾-b,但是只和入声韵尾-t 相当。

《汉语中的词族》里,除了歌、鱼、侯三部基本上还拟成开口音节以外,上古阴声韵的平、上声字都变成带辅音韵尾的了。即:

之部、幽部、宵部、支部都收音于-g;

脂部(包括微部),以及小部分歌部字(羸、瑞、迱等)收音于-r。

高氏没有规定上古的韵应该分为多少部。如果勉强替他分一分,可以说是二十六部。拿章炳麟的二十三部相比,多出了铎部、屋部和羸部。铎是鱼之入,屋是侯之入,这又是与黄侃一致的;只有羸部是高氏独创的[①]。因此,我们可以说,高氏在古韵分部上没有什么发明,而在上古韵部的音值构拟上,则有许多大胆的假设。

三、关于汉语语法

在汉语语法方面,高本汉的成绩最差。看来他对于汉语并不熟练,对于现代汉语更是生疏。试看他在《汉语》61 页上所举的几个例子:

我蒙他的泽。

天不爱道。

我爱我钱。

又试看他在《汉语》5—6 页上所举现代北京话的例子:

赵县城外有一家两口人,一个七十多岁的老婆跟他儿;她家很穷没有饭吃;天天打柴卖钱得一点米肉度命。

这样拿一些生造的句子来作为研究的材料,立足点已经不对头了。而他在语法分析上也是不恰当的,例如他把上面例子"七十多岁

---

① 高氏没有立韵部的名称。羸部是我们替他立的名称。在我的《汉语音韵学》中称为瑞部。

的老婆"这个词组割开来,认为助词"的"是附着于"岁"的,并说"岁的" = yeary(英语)。

他在《汉语》一书中几处强调汉语的难学,他说学习汉语要凭"猜的本领",要认识"中国的灵魂"(62 页)。他实际上等于否认汉语有语法的存在。

比较有参考价值的是他对于上古汉语的人称代词的研究。他依照上古拟音列出了下列的一个表(见《汉语》75 页):

主格	领格		吾 ngo
与格	对格		我 ngâ
主格	领格		汝 ńi̯o
与格	对格		尔 ńio
领格			其 gi̯əg
与格	对格		之 tʰi̯əg

"吾"与"我"是双声,"汝"与"尔"是双声,"吾"与"汝"是叠韵,"我"与"尔"是准叠韵。"其"与"之"也是叠韵。高本汉确是看出了一些规律来。至于是否应该解释为"格",尚待进一步的研究。

四、关于词汇

在词汇方面,高本汉提出了"汉语词族"的问题,这是语源学上的一个重要问题。高本汉的研究结果虽然不尽可信,但是这个研究方向是值得肯定的。

高氏关于词族的研究,与章炳麟《文始》的目的差不多,都是寻究词与词之间的意义关系与声音关系,从而把二者结合起来看它们的亲属关系。但是,在研究方法上却有很大的不同。先说,章氏是从初文出发的,高氏完全不理会初文;其次,章氏讲双声叠韵,旁转对转,高氏则把字头辅音和字尾辅音结合起来作为一个整体来观察词族。他把声母分为四组：

（1）k-，k'-，g-，g'-，ng-，x-，·-；

（2）t-，t'-，d-，d'-，t̂-，t̂'-，d̂-，d̂'-；ts-，ts'-，dz-，dz'-，tṣ-，tṣ'-，dẓ-，dẓ'-；ś-，s-，z-，ṣ-；

（3）n-，ń-，l-；

（4）p-，p'-，b'-，m-。

韵母分为三组：

（1）-ng，-k，-g；

（2）-m，-p，-b；

（3）-n，-t，-d，-r。

声母与韵母配合，应该共得十二组，但是高氏把 t-m，n-m，p-m 合为一组，实际上只分为十组。

《汉语中的词族》的研究还是很粗疏的：第一，各组的词多得几乎是无边，从这样大的范围来观察亲属，危险性很大；第二，不能认为凡声近者必然义近，应该承认存在着很多声近的词（甚至是同音词）是完全没有亲属关系的；第三，阴声韵的韵尾辅音不能作为定论，因此，-g与-ng同组、-r与-n同组等等也都失去了根据；第四，每组之后只将汉字释出意义，不加讨论，令人不明白为什么这些词是同族的。

高氏在《汉语》里谈词的转化，就比《汉语中的词族》切实得多，可靠得多了①。他所谈的"國"与"域"、"官"与"宦"等，自然是可信的；"恭"与"恐"、"朝"与"耀"等，也可供参考；只有"祷"和"讨"等是靠不住的。然而最糟糕的是他把语源与现行意义混为一谈。例如：

"我领教"译成 I neck instruction（neck，脖子，这里当动词用）。

―――――――――――――

① 《汉语》76—101 页。

"我追想死父"①译成 my thoughts overtake my deceased father（overtake追赶、追捕、赶上）。

"那个人糊涂"译成 That piece ren（is）sticky-muddy（piece，片、块、幅、件；sticky 粘的；muddy 泥泞的）。

"孔子之裔"译成 K'ung master's train（孔老师的衣裾）。

"他冒危险"译成 He cap danger（他帽子危险，他戴上危险帽子）。

"他雪耻"译成 He snow shame = He snows（his）shame（他把他的耻辱弄成雪白了）。

如果从语源上来解释现代的句子，任何语言都会闹同样的笑话。问题在于我们应不应该这样做。显然，这样做是反历史主义的；任何现代汉族人说"我领教"的时候都不会意识到"领"有脖子的意义，为什么纠缠在一起呢？"糊涂"是个叠韵连绵字，本来是写作"鹘突"的，更与 sticky muddy 无关！西洋汉学家常常昧于训诂，而高氏也是比较突出的。

五、中国语言学所受的影响

汉语音韵学所受高本汉的影响最大。他的《古汉语的构拟》（译文改题为《答马斯贝罗论切韵之音》）、《谐声字的原则》《上古汉语中的几个问题》《汉语中的词族》等，先后被译成中文。王力《汉语音韵学》详细地介绍了高氏的汉语音韵学说。1940 年，赵元任、李方桂、罗常培合译高氏的《中国音韵学研究》出版。这部书的翻译工作是十分郑重的。在翻译过程中，遇见错误的地方，都征求原著者同意予以更正，高氏自己的修正意见则按后来的文章翻译插入，原先

---

① 这又是一个生造的例子。

已经被修正了的意见则删去不译,这样就大大便利了读者。这一部译本实际上包括了赵、李、罗三人的成绩,反映出当时汉语音韵学的水平。

自从高本汉的《中国音韵学研究》和《上古汉语的几个问题》等书和论文出版后,中国的语言学者们也曾先后撰文提出一些修正的意见,其中包括李方桂的《切韵 â 的来源》《在上古汉语里的中古汉语 -ung,-uk,-uong,-uok 等》《论中国上古音的 *-i̯wəng, *-i̯wək, *-i̯wəg》[1],赵元任的《中古汉语内部的语音区别》[2],罗常培的《知彻澄娘音值考》《唐五代西北方音》《切韵鱼虞之音值及其所据方音考》《经典释文和原本玉篇反切中的匣于两纽》[3],李荣的《切韵音系》[4],陆志韦的《古音说略》《诗韵谱》[5],董同龢的《上古音韵表稿》等[6]。其中个别的意见(例如李方桂的个别意见),被高氏吸收了,绝大部分意见都没有被他接受。

这能不能说,中国音韵学没有受高本汉的影响或只受极微弱的影响呢? 我们不能这样说,因为当时的中国学者一般都接受了高本汉的总原则,甚至接受了他的观点、方法,然后从枝节的地方去纠正他,甚至比他更走得远些。

现在提出最重要的两点来讨论:第一是《切韵》的性质问题,第二是上古汉语的辅音韵尾的问题。这两点都关系到怎样对待材料的问

---

[1]　李氏的第一篇文章见于《史语所集刊》第三本第一分,第二篇见于同刊三本三分,第三篇见于同刊五本一分。后两篇都是用英文写的。

[2]　原题为 Distinctions within Ancient Chinese,见于哈佛大学的《亚洲研究杂志》第五卷第三四期 203—233 页。

[3]　罗氏的第一篇文章见于《史语所集刊》三本一分,第二篇见于同刊二本三分,第四篇见于同刊八本一分。《唐五代西北方音》是一部书,1933 年出版。

[4]　《切韵音系》是 1945 年写的,经过两次修改,1956 年由科学出版社出版。

[5]　《古音说略》(1947)、《诗韵谱》(1948)都由哈佛燕京学社出版。

[6]　《上古音韵表稿》见于《史语所集刊》第十八本,1948 年商务印书馆出版。

题:我们应该是形而上学地对待材料呢?还是辩证地对待材料呢?我们认为应该辩证地对待材料,而高本汉却是形而上学地对待材料,当时中国学者们在这个总原则上多数是跟着他走的。

关于《切韵》的性质问题,尽管《切韵》作者自己认识是"我辈数人,定则定矣"的"论南北是非,古今通塞"的著作,高本汉偏要把它看成是一种具体语言的实录。本来,马伯乐从《唐韵》的同用、独用来考虑,认为某些韵实际读音是相同的,这个意见值得重视,而高氏简单地说马氏的意见已经被他"击败"(combattu)了①。于是大家都相信了他。甚至在知道了敦煌写本《切韵》有真无谆之后,仍然相信高氏把真韵少数合口字跟谆韵分开是合理的②。高氏对于一、二等的重韵如咍与泰、佳与皆、删与山、覃与谈、咸与衔,硬分长短,没有什么可信的证据,他本人也缺乏信心。但是批评他的人并不说他不应该硬分,而只是说应该分为不同的元音③。高氏在三、四等里不认为有重韵,而中国某些音韵学者却也认为支、脂、祭、真、仙、宵、盐诸韵也有重韵④。这样越分越"细",所构拟的音主观成分很重,变成了纸上谈兵。此外还要墨守历史语言学上的一个原则:在同一条件下的同一音位,在同一时期和同一地点,只能发生同一的音变。于是中古不同音的字,上古只能拟成不同音,而中古同音的字,上古还有不同音的。这样,势必形成一个倒竖的金字塔,上古的语音极其繁多(依高本汉的构拟,上古汉语

---

① 赵译《中国音韵学研究》537 页译作"所辩驳的"。
② 见赵译《中国音韵学研究》504 页,译者注(一)。
③ 参看董同龢《上古音韵表稿》75—79 页。
④ 重韵的根据是反切不同。董同龢、李荣、陆志韦都认为三、四等有重韵,但是,问题相当复杂,三家所分也各有不同。例如董同龢并不认为侵韵有重韵,而李、陆认为侵韵有重韵。陆氏以为仙韵开口的"延、辇、扇"是一类,"连、善、战、列"是一类;李、董却认为"延、辇、列、扇、善、战"都是同类,只有"乾、焉"等字另成一类。陆氏以为仙韵合口"员、免、恋、劣"是一类,"缘、充、绢、悦"为另一类;李、董却认为"缘、充、绢、悦、恋、劣"都是同类,只有"员、权、免"等字另成一类(但李认为"免"是开口)。

已经有两千多个音节,董同龢更多)。这就是迷信一部"我辈数人,定则定矣"的书的结果。其实,现代方言、外语借词,以及历代韵文,其可靠性都比一部主观规定的韵书强得多。

关于上古汉语辅音韵尾的问题,中国传统音韵学虽未能圆满解决,至少比高本汉的学说合理得多。在高本汉、西门的汉语音韵学未传到中国以前,中国从来没有人设想过上古汉语竟然缺乏开口音节或者是开口音节少得可怜。依照西门,一个开口音节也没有;依照高本汉,则仅有歌部、鱼部、侯部收音于 a、o、u,字数不多,其他大部分的字不是收音于 m、n、ng、r、b,就是收音于 b、d、g、p、t、k。陆志韦和董同龢比高本汉更进一步,认为上古汉语的字一律都以辅音收尾,不是收音于 m、n、ng,就是收音于 b、d、g 或 p、t、k。这样机械地构拟古音,是我们所不敢苟同的①。

为什么中国人受高本汉的影响后会走上极端呢？这是高本汉的方法本身所决定的。他主张《切韵》代表一时一地之音,而他研究反切和韵图都有漏洞,别人把漏洞补上了,不知不觉地就把《切韵》的音分得更"细"了。他主张凡是和中古入声有关的字,在上古必收辅音,那么,歌、鱼、侯三部也不能说是与入声绝缘的,别人为了依照这个原则,就不能不走极端了。

高本汉对汉语音韵学的影响,其积极方面是应该予以肯定的。例如清儒完全不讲音变的条件,硬说"家"读如"姑"、"下"读如"户",等等。高本汉有了历史语言学的训练,就不至于这样简单化了。又如前人把四等与四呼混为一谈②,到了高本汉才开始弄清楚了等的概念,

---

① 参看王力《上古汉语入声和阴声的分野及其收音》,载于《语言学研究与批判》第二辑,高等教育出版社 1960 年出版。
② 章炳麟《国故论衡·音理论》:"季宋以降,或谓阖口开口皆同等,而同母同收音者可分为八,是乃空有名言,其实使人哽介不能作语。"

尽管不能完全作为定论，但总的原则可以决定下来了。但是，今天来看，高本汉的形而上学观点非常严重，而且还带有实用主义观点。他呆板地看音变，把音变看成是"盲目的需要"，而不容许有外因，西洋比较语言学在书面材料缺乏的情况下，古音的重建反而没有麻烦，中国的书面材料多了，反而成了累赘。高本汉为材料所困，而不问材料所反映的真实情况是什么。有时候，他任意选择有利于自己的材料，而陷入了实用主义的泥坑。这样，他给予中国语言学的影响是坏的。

在语法学方面和词汇学方面，高本汉对中国学者们影响不大，这里就不再叙述了。

其他汉学家对于中国语言学也有一定的影响。例如王力曾参考了马伯乐的《越南历史语言学》写成了一篇《汉越语研究》①，但为篇幅所限，这里就不详细加以叙述了。

第三节　描写语言学的兴起及其发展

描写语言学又称静态语言学，这是对某一具体语言的静态描写，而不管它的历史演变。按照这个定义，扬雄的《方言》也可以认为是描写语言学，但是，《方言》只限于部分词汇的零星记录，人们还不能从此看出当时语言的全貌，特别是语音方面缺乏叙述。周德清的《中原音韵》基本上反映了元代大都语音情况，但是作者不是从语言学观点，而是从词曲学观点来看问题。清初樊腾凤的《五方元音》记录了 17 世纪北京的语音系统②，黄谦的《汇音妙悟》(1800)记录了 18 世纪福建泉

---

① 载于《岭南学报》九卷一期(1948)，又收入他所著《汉语史论文集》(1958)内。

② 樊腾凤是尧山(今河北隆尧县)人，但是他所记的当是北京音。

州的语音系统,像这类的书不算太少,但是记录的人不是经过语言学训练的人,甚至不是经过等韵学训练的人(如《五方元音》以"凤羊"切"方"),而且他们的书也只是为了扫盲的目的,不是为了语言学的目的。因此,真正描写语言学的产生,是在普通语言学传入中国以后。

中国学者们之所以一向不重视描写语言学,是受了复古主义的影响。小学是经学的附庸,虽然不是每个人都像顾亭林那样梦想着"天之未丧斯文,必有圣人复起,举今日之音而还之淳古者",但是,清儒对于《唐韵》也认为非正,哪里还甘心研究清代的语音呢?章炳麟等人之所以研究方言,无非想证明方言中存在着一些"古"的东西,那仍然是历史语言学观点,不是描写语言学观点。直到普通语言学传到中国,学者们的眼光才有了转变,能对现代语言进行静态的研究。在研究方法上也用的是崭新的一套。譬如说,记音的方法不再是用反切的旧方法,而是利用音标了。在解放前中央研究院历史语言研究所的工作中,由于赵元任、李方桂等人的提倡,曾经有一个时期把力量完全放在方言调查上。少数民族语言的调查也逐渐有人在做了。

在此之前,有些外国传教士也曾为了传教的目的,甚至为了侵略的目的,调查过我国的方言和少数民族语言。他们多数没有经过严格的语言学训练,他们的著作,可信程度是不高的。高本汉自己所调查的方言,可信程度较高,但是偏于黄河流域,即以黄河流域而论,他只调查了几处,也还是不够的。

赵元任的《现代吴语的研究》(1928),是中国描写语言学的较早的重要著作。他实地调查了江苏、浙江两省的三十三处方言。他的调查以语音为主,同时还调查了三十处七十五个词的词汇,二十二处五十六个用的助语词。此外还附录了"北风跟太阳"的故事。

语音部分分为四章:(一)吴语声母;(二)吴语韵母;(三)吴语声调;(四)声、韵、调总讨论。前三章所列的声母表、韵母表、声调表,主要是表现了《广韵》、国音（指普通话）、吴音三方面的对应，特别着重在古音系统与现代吴音系统的对应。表中以国音排在吴语三十三处方言的上面，而声、韵、调都按照下面的三个标准来分类：

（1）今吴音声母、今吴音韵母、今吴音声调类。这一栏又分为两行：第一行是吴音的最大公约数，第二行是吴音的最小公倍数。

（2）古母，《广韵》韵，古四声。古母依照三十六字母的名称，但照穿床审各分二类。《广韵》依照二百零六韵，古四声也依照《广韵》。

（3）分合条件。例如见母今开合为 k，今齐撮为 tɕ；鱼、虞两韵 l 母与 tz 系在苏州为 i；gₙ n 系在苏州为 y；ŋₗ 系在苏州为 u₂。古上声清上在苏州为阴上，浊上如果是次浊文言，则变阴上或阳去，其余一律读成阳去。

其次，在每一类都举了一些例字。每一表后面都有详细的讨论，最后还来一个声、韵、调总讨论。

这种做法是比较富于科学性的。特别是分合条件一栏很重要，有了这一栏，才能说明语音演变的规律性。后来人们所作的方言调查报告，虽然不再标明"分合条件"，但是凡是拿《广韵》的音系来对比的，都注意到古今音的对应规律。这书是一个良好的开端。

《现代吴语的研究》出版后，对后来的方言调查起了很大的影响。《广韵》对比的办法一直到解放前没有人改变过。甚至"北风跟太阳"的故事也被广泛应用着（罗常培《厦门音系》与赵氏自己的《钟祥方言记》都用了）。

赵元任第二部调查方言的著作是《南京音系》（《科学杂志》13 卷 8 期），第三部调查方言的著作是《中山方音》。

赵元任第四部调查方言的著作是《钟祥方言记》（1936 年写成，

1939 年出版)①。这书分为三章:第一章是语音的分析,记录了钟祥方言的十七个声母、三十六个韵母和四个声调,并加以描写性的说明。第二章是本地音韵,分析了声母跟韵母的关系(主要是声母跟四呼的关系),介母跟韵母的关系,声母跟声调的关系,声母、韵母、声调之间的关系,还有单音字全表和同音字汇。第三章是比较音韵,先是同音比较,其次是跟《广韵》比较。《钟祥方言记》比起《现代吴语的研究》来,在方法上有了明显的进步:第一,著者把语音和音韵分开了:语音只是客观的描写,音韵则是声、韵、调相互间的关系;第二,著作拿前两章来作纯粹静态的研究,基本上不涉及历史②。这样,描写语言学的性质就较浓厚。

罗常培关于方言调查的著作有《厦门音系》(1931)和《临川音系》(1936)。《厦门音系》第一章是绪论,第二章是语音的分析,第三章是本地的音韵,第四章是比较的音韵,第五章是特殊词汇,第六章是标音举例。从第二章到第四章,完全是《钟祥方言记》的架子③。但是罗氏的治学态度是谨严的,其中也有不少的创造性。例如《临川音系》声调的分析利用了实验语音学。讲本地音韵时,先撰"临川韵镜",再谈"临川方音的通性",也能别开生面。

董同龢关于方言调查的著作有《华阳凉水井客家话记音》(1948年,《史语所集刊》第十九本 81—210 页)。此书的特点是以记录成段的话为主,颇有参考的价值。

前历史语言研究所一共进行了六次方言调查。已经发表的只有

① 赵氏在序里说:"钟祥居湖北的正中心,方言是西南官话之一种,比武汉派的湖北话又多带一点普通化的色彩。现在给钟祥语言作一个较详细的记录跟分析,差不多就是把中国中省部的代表语言下来了。"
② 只有同音字汇中列有《广韵》一栏,但是并不按照分合条件。
③ 赵元任《钟祥方言记》的序里说:"……或者可以给人做一个其他方言记录的样本吧。"罗书显然是受了赵书的影响。

《湖北方言调查报告》。这是第六次调查的报告，调查时间是 1936 年，直到 1948 年才出版。这是一次相当大规模的方言调查，参加者是赵元任、丁声树、杨时逢、吴宗济、董同龢。总共有六十四个调查点，每一点都写一个报告，所以篇幅很大。最后还有一个综合报告。在综合报告中，有：综合材料；湖北特点及概况；湖北方言地图。其中以方言地图为最重要，这是中国的第一部有方言地图的著作。

解放前的方言调查，有两个共同的缺点：第一是侧重在语音方面，对词汇、语法重视不够；第二是夹杂着历史语言学的东西，不是纯粹的描写语言学。这两点可以说是受了高本汉《方言字典》的影响。高本汉为了研究古音，他那样做是对的。我们调查方言不是为了研究古音（至少不是主要目的），就不一定要拿古音来比较，徒然涂上一层复古主义的色彩。历史语言学味道最浓的是《现代吴语的研究》和《湖北方言调查报告》，因为没有什么地方是纯然静态描写的。其次是《厦门音系》，书中虽有描写语言学的独立章节，但是仍然着重在跟《广韵》对比，而且没有跟国音对比，显得厚古薄今。在《钟祥方言记》与《临川音系》里，历史语言学的味道虽然冲淡了，对于《广韵》仍然不舍得割爱[①]。实际上，完全不提及《广韵》也可以进行很有科学价值的方言研究工作，1960 年中国科学院语言研究所为《昌黎县志》所编的《昌黎方言志》就是很好的一个例子。

工欲善其事，必先利其器。方言调查需要很多的准备工作。前历史语言研究所在进行方言调查之前，先准备了一个调查用字表。人们不需要调查几万字的读音，只调查一些有代表性的字，就可以举一反

[①]　白涤洲遗著《关中方音调查报告》（1933 年调查，1954 年由喻世长整理出版）值得在这里提一提。此稿似乎是纯粹的描写语言学，书中第七章"关中方言与古音的比较"是整理者写的。

三,闻一知十。赵元任等在进行湖北方言调查时,所用的调查用字表包括六百七十八个单字。选字的标准当然从音系出发,而音系又跟《广韵》有关。在今天我们虽然不需要人人熟悉《广韵》才进行方言调查,但是准备调查用字表的人则必须熟悉《广韵》。这又是辩证的看法:搞描写语言学的人在著作中应该尽可能不涉及历史语言学,但是他们必须具备历史语言学的知识,然后描写语言学才搞得好。

灌制音档,也是历史语言研究所的调查步骤之一。灌制音档有许多好处:可以带回研究机关来仔细推敲,又可以请专家来听听,核对自己的记录是否正确。

中国人自己所做的少数民族语言调查工作,开始于李方桂所写的《龙州土语》(1935年调查,1940年出版)和《武鸣僮语》(1935年调查,其中音系部分曾载于《史语所集刊》第十二本,其余部分尚未正式出版)。但是这两部书都偏重于语音方面和故事方面,没有能对少数民族语言作全面的描述。他的《莫话记略》(1943年,《史语所单刊》甲种之二十,石印本)第一章是导论,第二章是音韵,第三章是故事,仍然没有涉及语法等方面。李氏在序里说:"因为这书主要的目的是供给材料,所以比较、历史、文法上的各种研究都另文讨论。"可见他自己也承认这还不是全面的研究。但是,李氏曾受过严格的语言调查的训练,他的著作是有很大的参考价值的。

关于少数民族语言的调查研究,主要是研究它们的音韵和语法,其实音韵也可以归入语法的范围。解放以前,依照这个原则去做的,有罗常培的《贡山俅语初探》(1942年铅印本)、马学良的《撒尼彝语研究》(1946年写成,1951年出版)、高华年的《彝语语法研究》(指纳苏语,1943年调查,1958年出版)、金鹏的《嘉戎语研究》等①。袁家骅的

---

① 金鹏的《嘉戎语研究》是用法文写的,原题 Etude Aur Le Jyarung,载于《汉学》杂志上。

《阿细民歌及其语言》（1946 年油印版,1953 年出版）,虽然以民歌为主,其中也有一个专章叙述音系与语法。

　　实验语音学也可算是属于描写语言学的范围。中国第一个搞实验语音学的人是刘复。他的《四声实验录》讲了实验声调的方法①,讲了与声调有关的乐理②,记录了十二种方言（北京、南京、武昌、长沙、成都、福州、广州、潮州、江阴、江山、旌德、腾越）的声调。这书在理论方面虽然相当高明,但是在实践方面做得很差。许多声调曲线都不能反映真实情况（如北京的声调曲线就不应该是那样）。在调类方面,也有些错误（如长沙平声有两种,而说只有一种;广州入声有三种,而说只有两种,甚至说成都的"东"字可以读成入声!）。刘复作实验时身在国外③,也许由于找不到合适的发音人,以至产生这些缺点。他归国后,在北京大学创立语音乐律实验室,发明声调推断尺,积极提倡实验语音学。中国实验语音学是由他建立了一定的基础的。继刘氏的《四声实验录》而作的,有王力的《博白方音实验录》（法文本）。王力利用假腭和浪纹计实验了博白的元音和辅音,再用浪纹计实验了博白的声调。但是他的书影响不大。

　　描写语言学在某些方面是接近自然科学的。调查方音需要一双有训练的耳朵,如果听音不准确,记录的可靠程度就不高。实验语音学正是调查语言的好工具,但是如果实验的经验不丰富,实验的方法不熟练,仍然是会失败的。解放以前,中国的描写语言学并不是十分令人满意的。但是,由于赵元任、李方桂、罗常培等人都有很好的语言

①　《四声实验录》原由群益书局出版,解放后由中华书局出版。中华版的内容提要说:"这是一本否定四声存在的专著。"这句话是错误的。刘复并没有否定四声的存在。

②　在乐理方面,刘复讲得很透彻。他由于对音乐的爱好（他的兄弟刘天华是一个天才音乐家）,讲得那样津津有味,以致喧宾夺主,超出了声调实验所需要的知识范围。

③　《四声实验录》原是刘复在巴黎大学的学位论文。

学修养,刘复则有较好的语音乐律实验的经验,描写语言学可说是有了良好的开端了。

最后,我们在这里附带谈一谈中国解放前的普通语言学。解放前,中国的语言学者对于普通语言学,是通过外文原本来学习的。抗战时期,西南联合大学曾经指定 Palmes 的《语言学引论》作为主要参考书。方光焘、王力、岑麒祥等人曾经在大学里教过语言学,编过讲义,但是都没有写成书。

沈步洲写过一部《言语学概论》,质量不高,流传不广。倒反是胡以鲁的《国语学草创》里面介绍了不少普通语言学的知识[①],可惜译名过时了,现在的人不容易看懂了。

本章的结语

西方的语言学说传入中国以前,中国的语言学是封建主义的文化;西学东渐以后,直到解放前,中国的语言学的主流是资本主义的文化,而属于封建主义文化的语言学还同时存在着。这两种文化发生矛盾,在一个很长的时期内,它们是互相排斥的。黄侃为章炳麟的《国故论衡》作赞说:"方今华夏雕瘁,国闻沦失,西来殊学,荡灭旧贯,怀古君子,良用盡伤!"可见"怀古君子"们是要用"国故"来跟"新学"对抗的。在最初的时候,也曾经过"中学为体,西学为用"的阶段,或者称为"中西合璧"的阶段。例如马建忠在《马氏文通》中引《说文》"曾,词之舒也"[②],《孝经·天子章》正义"盖,辜较之辞"[③],《论语·公冶长》正义

---

①　胡以鲁是章炳麟的弟子,留学日本。
②　《马氏文通》校注本 310 页。
③　《马氏文通》校注本 358 页。

"弗者,不之深也"①,又在讲句读时把中国传统的句读与西洋语法的
句读融为一炉②。又如杨树达《高等国文法》的总论中大讲其"古代之
文法学"③。胡以鲁在他的《国语学草创》中,一方面介绍西方的语言
学说,另一方面也介绍了他的老师章炳麟的语言学。但是,"中西合
璧"是做不好的,正如刘复所嘲笑的"风琴与洞箫合奏"一样,显得十
分不合谐。后来杨树达索性继承乾嘉学派的事业,去搞他的小学去
了。赵元任、李方桂、罗常培等人搞古音拟测,搞方言调查,与章、黄一
派分道扬镳,几乎可以说是"井水不犯河水"。直到 1947 年,王力发表
了他的《新训诂学》④,其中讲了"旧训诂学的总清算",提出了"新训诂
学",才算跟旧派宣告了决裂。

　　新派也有自己的弱点。在小学作为经学的附庸的时候,小学家几
乎都是经学家,个个博闻强记,于学无所不窥。顾、江、戴、段和王氏父
子自然不用说了,即从章炳麟、黄侃而论,其中国史料知识渊博,远非
新派所能望其项背。在封建时代,并没有所谓专门家,有的只是"博学
鸿词",所以著名学者的学问都是全面的。章炳麟的《国故论衡》上卷
论小学,中卷论文学,下卷论诸子学,实际上是以一身而兼语言学家、
文学批评家、哲学家。黄侃写了《音略》,同时也写了很有价值的《文
心雕龙札记》⑤。王国维在学术上和章、黄是不同道的,但是有一点却
是相同的,那就是博通小学、文学批评、史学和哲学。新派的语言学者
一般总是把自己局限在狭小的范围之内。资产阶级提倡学术分工,本

---

① 《马氏文通》校注本 306 页。
② 参看何容《中国文法论》170—182 页。
③ 《高等国文法》13—23 页。
④ 王力《新训诂学》,见《开明书店二十周年纪念文集》173—188 页。后来收入《汉语史论
　　文集》(277—289 页)。
⑤ 黄侃《文心雕龙札记》,1927 年北京文化学社发行,已绝版。范文澜《文心雕龙注》多处
　　引此书。

来也有它的进步性,但是必须先博而后能专。曾经有一个时期,似乎所谓语言学只有方言调查,或者再加上古音拟测,不但把中国传统的小学置之不顾,连现代语言学也研究得不全面,更谈不上渊博了。

　　总的来看,这一个时期的中国语言学是向前发展了的。语言学者受过现代科学的训练,有了比较清醒的科学头脑,懂得科学地分析问题,不至犯逻辑上的明显错误,这些都是远胜前人的地方。忽视了这一点就会得到中国语言学退步的结论,那是不合乎事实的。

全书的结论①

　　中国语言学的发展路线是由两个因素决定的：第一个因素是社会发展的历史，第二个因素是汉族语言文字本身的特点。

　　中国社会发展的历史，规定了中国古代语言学是为了实用的目的。这与经济基础不是直接的关系，而是间接的关系。在漫长的封建社会过程中，"先王之道"被认为是巩固封建统治的法宝。即使是提倡变法的王安石，也主张"当法其意"（《上仁宗皇帝书》）。要法其意，也就必须通经。通经必先识字；识字只是手段，不是目的，但是非通过这个手段不能达到通经的目的，也就无从确知"先王之道"。张之洞说："治经，贵通大义，然求通义理，必自音训始；欲通音训，必自《说文》始。"②这种指导思想贯穿着将近两千年的中国语言学。

　　在五四运动以前，没有产生描写语言学，因为在复古主义作为主流的时代里，当代语言的静态描写被认为是不登大雅之堂的东西。实际上搞一些当代音系的概述的人，也不承认那是与古违异的东西，例如修订《五方元音》的年希尧，在序文中先斥"沈韵"为"囿于一方之

---

① 　参考资料有：赵元任《现代吴语的研究》《钟祥方言记》。赵元任等《湖北方言调查报告》卷二。马学良《撒尼彝语研究》。

② 　张之洞《说文解字义证·序》。

音”，然后称该书为“五方”的“元音”（正音），可见他并不承认是一种静态的描写。正是由于这种思想的指导，使《切韵》的作者不敢以一时一地之音的面貌出现。《中原音韵》是作为曲韵出现，而不是作为语言学的书籍出现的。鼎鼎大名的清儒所著的语言学杰作，没有一部不是为经学服务的，与描写语言学正是背道而驰的。

在五四运动以前，也没有产生历史语言学。搞古代语言不一定就是搞历史。小学家把古代语言（主要是先秦语言）放在一个平面上研究，忽视了它的历史发展。段玉裁偶然讲一讲古今词义的异同，已经是凤毛麟角，他没有系统地讲语言的发展规律，也够不上称为历史语言学。音韵方面，自清儒以后，历史观点是比较清楚的。但是清儒排斥今音，崇尚古音，仍然不是进行语音史的研究。直到马建忠，他仍然没有发展观点：他把韩愈和司马迁、班固排在一起。他说：“为文之道，古人远胜今人，则时运升降为之也。”又说：“诸所引书，实文章不祧之祖，故可取证为法。其不如法者，则非其祖之所出，非文也。”[1]我们很清楚地看出，他的意思是说语法是一种千古不变的规范，合乎古者则合法，不合乎古者则非法。“五四”以后，中国人知道了历史语言学，高本汉在历史语言学上给我们一些好的影响。王力写了《理想的字典》一文[2]，其中提出历史字典的主张，并且在他的《中国语法理论》里常常谈到语法的变迁。但是，直到解放以前，还不能产生一部汉语史。原因很简单：两千年来不曾关心的事情，一个早上是赶不出来的。

在五四运动以前，也没有产生语言理论。像《荀子·正名》那样透辟的语言理论，后世没有嗣响。《释名》的作者也算追求语言理论，但是没有成功。宋邵雍《皇极经世》所载的《天声地音》，看标题好像要

---

① 见《马氏文通·例言》校注本上册9—10页。
② 王力《理想的字典》，《国文月刊》33期（1945）2—27页。

讲一些秘密，其实是很不精明的声母韵母配合表。江永《音学辨微》第十辨无字之音，第十一辨婴儿之音，第十二论图书（指河图、洛书）为声音之源。除第十二条是牵强附会外，第十条和第十一条本来是属于语言理论范围，但是江氏谈得都不好。王念孙"就古音求古义，不限形体"是一个很好的语言理论，可惜没有专文发挥。章炳麟《国故论衡》有《音理论》和《语言缘起说》，题目非常吸引人，然而《音理论》无非重复江永三十六母可以"补苴"为五十母的论调；重复明人二呼不能有八等的论调，等等，殊无可取；《语言缘起说》虽有个别地方可取（如言名词先于动词），但是杂以声训之说，亦多唯心之论。总之，中国语言学既为经学附庸，似乎是不需要很多的语言理论的，所以没有朝这一方面发展。

　　汉族语言文字本身的特点规定了中国古代语言学不以语法为对象，而以文字为对象。其所以不以语法为对象，因为汉语的语法是比较简单的①。虚词可以作为词汇的问题来解决，句法则古今的差别不大，古代汉语句法问题可以通过熟读领悟来解决。这就说明了为什么梵语音韵曾经影响我国的音韵学，而梵语语法却没有促使汉语语法学的产生；又说明了为什么直到19世纪末年，马建忠才从西方移植了葛郎玛。由于汉字不是拼音文字，令人有这样的印象，以为文字可以直接表示概念；文字的研究，与通经直接发生关系。古人错误地认为：音读和训诂都是从文字生出来的；研究了文字，音读和训诂也跟着解决了（所以张之洞说"欲通音训必自《说文》始"）。这说明了为什么两千年中，《说文》始终处于小学的统治地位。文字的价值的越估，直到民国初年还没有完全改变过来。举例来说，章炳麟作《文学总略》，

---

① 我们不能以语法的复杂和简单来判定语言的优劣，正如不能以多音节和单音节来判定语言的优劣一样。

还斤斤于"文、彣"之辨,以为"凡彣者必皆成文,凡成文者不皆彣"①。在西洋,语言学与文字学可以截然分科;在中国古代,语言学离开了文字学就好像无所附丽,原因就在于此。

我们把中国语言学分为四个时期,其中只有两个阶段:第一阶段从汉代到清代末年,这是封建主义文化的阶段。苏联语言学家有所谓"科学前"的语言学,"科学前"这个提法是否妥当,可以再仔细斟酌,但是这个阶段和后一阶段的界限是那样黑白分明,至少可以说在学术观点和方法上是迥然不同的。第二阶段从1899年到1949年,这是资本主义文化的阶段。这五十年间,中国语言学的主流是资产阶级的语言学。

按四个时期来说,第一个时期是经学时期,这个时期的特点是以疏解经义为目的,最重点的两部书——《尔雅》《说文》——都被认为是羽翼六经的。第二个时期是佛学与理学时期,在这一时期,经义虽也还算重要,但主要不在于字义的辨析,而在于章句的阐述,于是语言学的重点转移到音韵学上,以与文学上的声律、哲学上的佛教相配合。第三个时期是经学复兴时期,经学家们遥承汉学,作风与宋学迥然不同。这时去古已远,需要考证的东西很多,清儒在研究方法上超越前人,小学硕果累累;到了清末以后也可以说去古更远,因为有了甲骨的出土,铜器的增加,我们有条件认识汉人所未识的文字,在一定程度上也比汉人多了解远古的语言。第四个时期是西学东渐的时期,这个时期,是以资产阶级语言学为主流,语言学的领域扩大了,方法改进了,取得了一些新的成果。

我们看见,从第二个时期起,每一个时期都克服了前期的某些缺点,把中国语言学推进了一步。在第一时期,汉儒对于音节还不能分

① 《章氏丛书·国故论衡·中》53页。

析为音素；到了第二时期，韵图中不但有了声母、韵母之分，连韵头、韵尾也在等与摄中分析出来了。第一、二两期都没有离开应用语言学的性质，语言学的著作一般都很像课本，学术研究性不强。到了第三期的清儒手里，才算真正搞起科学研究来了，具体表现在搜集和鉴别材料，充分掌握材料，用观点来处理材料，得出一些科学的结论，发前人所未发。可惜有些观点是错误的，最突出的是从打破文字的束缚走到另一个极端，轻视文字的社会性，常常歪曲文字所表达的概念，来迎合自己的主观臆断。到了第四个时期，中国语言学吸收了西方语言学的优点，把这一门科学现代化了，使它有了崭新的面貌。但是，应当指出，当我们吸收西方资本主义文化时，没有马克思主义的指导，难免同时承受了它的糟粕。最明显的事例就是高本汉用他的主观主义方法来引导我们观察材料，用他的实用主义方法来引导我们去处理材料，使我们在科学研究中常常得不出可靠的结论。理论脱离实践，是资产阶级学术的特点，解放前的五十年中，语言学界对语文教育不关心，与封建时代的小学为语文教育服务对比起来，反而逊色。

解放以后，在党的领导下，中国语言学获得了空前的发展。首先是语言学的队伍扩大了，有了马列主义、毛泽东思想作为指导思想，中国语言学不至于迷失方向。新中国的语言学是为祖国的社会主义建设服务的，目的明确了，科学研究就不至于脱离实际。现在已经获得的主要成绩是：简化汉字，制定汉语拼音方案，并为少数民族制定或修改了拼音文字；语法知识深入到学校中去，语法研究也逐渐在广大语言学界展开，比解放前更能注意汉语特点，特别是注意语音和语法的联系；汉语方言调查已经在全国范围内进行；少数民族语言研究有一跃千里之势,已经有了一些很有分量的论文①。汉语史和语言理论方面也发表了一些论文或专著。

瞻望前途,有这样一些远景:(一)在充分研究了中国的汉语及少数民族语言之后,结合着已有的普通语言学知识,概括了语言的发展规律,以马列主义、毛泽东思想为指导,建立中国人自己的、有创造性的语言学理论。(二)在上述的语言学理论指导下,建立汉语的语法体系以及中国各少数民族语言的语法体系。(三)写出一部高质量的汉语史。(四)编出一部历史性的汉语大词典。(五)总结前人研究《说文》的成果,写出一部新《说文解字》。(六)绘出全国方言地图。(七)用最先进的方法进行语音实验。(八)发展现代实用语言学,如机器翻译、汉字信息处理等。其他还有许多研究工作,全国语言学工作者都会协调地努力完成。到那个时节,中国将成为科学最发达的国家之一,而中国语言学也将在世界语言学领域中居于先进的地位。

---

① 例如《中国语文》1962 年 5 月号所载马学良、喻世长的《我国汉藏语系语言元音的长短》。

主要术语、人名、论著索引